智能网联汽车技术

主　编　邹涯梅　梁　颖

副主编　袁　亮　张瑞宾

参　编　黄　颖　李艺青　左茂良

　　　　刁星鹏　鲍　明

机　械　工　业　出　版　社

本书共有 6 个项目，计 20 个任务，主要内容包括智能网联汽车技术的认知，智能网联汽车所涉及的智能传感器、计算平台、底盘线控系统、智能座舱系统等关键零部件系统的认知与安装，以及如何实现自动驾驶功能。

为方便学习和实践，每个任务都编有任务实施内容，并且配有实操视频。实操视频可通过手机扫描书中二维码观看。

本书适合用作智能网联汽车技术专业的教材，也可作为汽车智能技术、新能源汽车技术、汽车电子技术等专业的教材，还可以作为相关企业技术人员的参考用书和培训教材。

本书配有电子课件等资源，凡选用本书作为教材的教师，均可登录机械工业出版社教育服务网（www.cmpedu.com）注册后下载，或联系编辑索取（010-88379756）。

图书在版编目（CIP）数据

智能网联汽车技术 / 邹涯梅，梁颖主编. -- 北京：
机械工业出版社，2024.7. -- ISBN 978-7-111-76013-9

Ⅰ. U463.67

中国国家版本馆CIP数据核字第2024MP3568号

机械工业出版社（北京市百万庄大街22号　邮政编码100037）
策划编辑：谢熠萌　　　　　　责任编辑：谢熠萌
责任校对：郑　婕　张　薇　　责任印制：刘　媛
北京中科印刷有限公司印刷
2024年8月第1版第1次印刷
184mm×260mm · 11.75印张 · 323千字
标准书号：ISBN 978-7-111-76013-9
定价：49.80元

电话服务　　　　　　　　　网络服务
客服电话：010-88361066　　机　工　官　网：www.cmpbook.com
　　　　　010-88379833　　机　工　官　博：weibo.com/cmp1952
　　　　　010-68326294　　金　书　网：www.golden-book.com
封底无防伪标均为盗版　机工教育服务网：www.cmpedu.com

前　言

随着全球汽车保有量快速增长，能源短缺、环境污染、交通拥堵等问题成为汽车产业可持续健康发展的限制因素，发展智能网联汽车被公认为是上述问题的有效解决方案。2020年国家发展改革委等11部委印发的《智能汽车创新发展战略》等纲领性文件为智能网联汽车的发展指明了方向，北京、上海、杭州等多个城市已经颁发了智能网联汽车、无人驾驶汽车的路测号牌。

汽车技术的发展一日千里，正在进入软件时代、智能时代，而目前智能网联汽车技术人才极度匮乏。智能网联汽车是一个复杂的跨界交叉系统，必然要求人才也是交叉跨界人才，这就对人才知识的广度与深度提出了更高的要求。目前，高校教学滞后于人才需求，企业求贤若渴。

为了适应形势的发展，方便汽车相关专业学生和汽车行业从业人员全面、系统地学习智能网联汽车的理论知识，掌握安装方法，编者编写了本书。本书具有以下特点：

1）落实立德树人。本书每个项目中均融入知识拓展环节，围绕"价值观塑造、知识传授、能力培养"三位一体的课程目标，弘扬社会主义核心价值观，培养学生正确的理想信念和价值取向。

2）任务驱动。本书体现了任务驱动的职业教育核心理念，每个任务都包含任务实施内容，具有较强的针对性和可操作性。

3）工学一体。本书的开发理念是使学习目标与工作目标一致，读者通过本书的理论学习与实践操作，可以掌握智能网联汽车智能传感器的安装、计算平台的硬件安装与软件部署、底盘线控系统的安装、智能座舱的安装等。

4）配套资源丰富。本书是新形态教材，嵌入了实操视频的二维码链接，实现了线上、线下相结合的教学模式。

5）知识先进。本书着重对智能网联汽车的智能传感器、计算平台、底盘线控系统、智能座舱系统等新知识、新技术进行介绍。

6）校企合作开发。本书得到了成都盘沣科技有限公司的大力支持，公司提供了大量的实车数据资源。

本书由成都航空职业技术学院邹涯梅、梁颖担任主编，成都盘沣科技有限公司袁亮、成都航空职业技术学院张瑞宾担任副主编。参与编写的还有成都航空职业技术学院黄颖、李艺青、左茂良、刁星鹏、鲍明。

由于智能网联汽车技术尚处于发展阶段，且编者水平有限，书中疏漏、不足之处在所难免，恳请读者批评指正，以便修订时改进。

编　者

二维码索引

名称	图形	页码	名称	图形	页码
任务1.1 智能网联汽车基础知识的认知		4	任务2.5 定位导航传感器的认知与安装		63
任务1.2 驾驶自动化分级的认知		8	任务3.1 计算平台的硬件装配		76
任务1.3 智能网联汽车发展趋势的认知		16	任务3.2 计算平台的软件安装		86
任务2.1 超声波雷达的认知与安装		23	任务4.1 线控驱动系统的认知与安装		99
任务2.2 毫米波雷达的认知与安装		31	任务4.2 线控转向系统的认知与安装		106
任务2.3 视觉传感器的认知与安装		40	任务4.3 线控制动系统的认知与安装		113
任务2.4 激光雷达的认知与安装		52	任务5.1 人机交互系统的认知与安装		123

（续）

名称	图形	页码	名称	图形	页码
任务 5.2 智能座椅系统的认知与安装		133	任务 6.2 高精地图的录制		159
任务 5.3 抬头显示系统的认知与安装		141	任务 6.3 避障功能的实现		168
任务 6.1 循迹功能的实现		153	任务 6.4 自动驾驶功能的实现		173

目 录

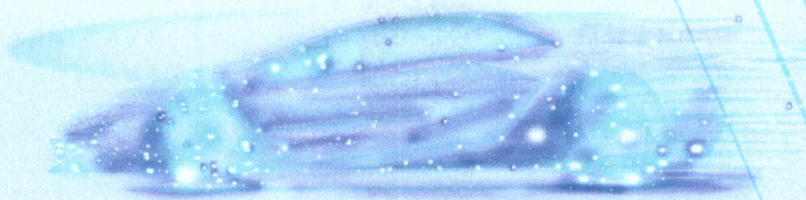

前言

二维码索引

项目 1 智能网联汽车技术的认知 ··· **1**

    任务 1.1 智能网联汽车基础知识的认知 ····························· 2

    任务 1.2 驾驶自动化分级的认知 ······································· 6

    任务 1.3 智能网联汽车发展趋势的认知 ····························· 11

项目 2 智能传感器的认知与安装 ····································· **18**

    任务 2.1 超声波雷达的认知与安装 ··································· 19

    任务 2.2 毫米波雷达的认知与安装 ··································· 27

    任务 2.3 视觉传感器的认知与安装 ··································· 35

    任务 2.4 激光雷达的认知与安装 ····································· 45

    任务 2.5 定位导航传感器的认知与安装 ····························· 55

项目 3 计算平台的认知与安装 ····································· **68**

    任务 3.1 计算平台的硬件装配 ······································· 69

    任务 3.2 计算平台的软件安装 ······································· 81

项目 4 底盘线控系统的认知与安装 ································· **90**

    任务 4.1 线控驱动系统的认知与安装 ································· 91

    任务 4.2 线控转向系统的认知与安装 ································· 101

    任务 4.3 线控制动系统的认知与安装 ································· 108

项目 5 智能座舱系统的认知与安装 ································· **116**

    任务 5.1 人机交互系统的认知与安装 ································· 117

    任务 5.2 智能座椅系统的认知与安装 ································· 127

    任务 5.3 抬头显示系统的认知与安装 ································· 137

项目 6　自动驾驶功能的实现 ··· **146**

　　任务 6.1　循迹功能的实现 ·· 147

　　任务 6.2　高精地图的录制 ·· 156

　　任务 6.3　避障功能的实现 ·· 162

　　任务 6.4　自动驾驶功能的实现 ·· 171

参考文献 ·· **178**

项目 **1**

智能网联汽车技术的认知

【学习目标】 ┃•••▶

🚩 素质目标：

1）培养爱国主义精神，弘扬社会主义核心价值观。
2）培养爱岗敬业、精益求精的工匠精神。
3）培养讲规矩、讲原则，遵守国家法律法规的法制意识。
4）培养分工协作、优势互补、相互帮助、共同进步的团队协作意识。

✏️ 知识目标：

1）熟悉智能网联汽车的定义及结构。
2）掌握自动驾驶技术的分级标准。
3）熟悉智能网联汽车的发展趋势。

🔧 能力目标：

1）具备信息技术的应用能力。
2）具备创新创业的能力。

任务 1.1 智能网联汽车基础知识的认知

【任务描述】 ┃•••▶

智能网联汽车是指集成了计算机技术、通信技术、传感器技术等先进技术的汽车产品。它的组成结构、等级划分及发展趋势如何呢？下面我们通过学习理论知识，来认识智能网联汽车。

【知识准备】 ┃•••▶

一、智能网联汽车的定义

我国工业和信息化部、国家标准化管理委员会印发的《国家车联网产业标准体系建设指南（智能网联汽车）（2023 版）》中对智能网联汽车的定义是，智能网联汽车（Intelligent and Connected Vehicle, ICV）是具备环境感知、智能决策和自动控制，或与外界信息交互，乃至协同控制功能的汽车。智能网联汽车如图 1-1 所示。

智能网联汽车代表未来汽车发展的两大技术方向——智能化和网联化。智能化是指汽车通过搭载先进的电控系统，采用 AI、信息通信、大数据、云计算等新技术，具备半自动或全自动驾驶功能，从简单交通运输工具向智能移动载体变化的新型汽车。网联化是指借助全新的信息和通信技术，实现车内、车与 X（车、路、人、云等）连接的网络体系，提高车辆的智能化和自动化水平，打造全新的交通服务模式，提升交通效率，改善驾乘体验，为使用者提供更安全、更便捷的综合服务。

综上所述，汽车的智能化与网联化相辅相成、不可分割，因此将具备智能化和网联化的汽车统称为智能网联汽车。

二、智能网联汽车的结构

智能网联汽车是以汽车为主体，可以是传统的燃油汽车，也可以是多种驱动形式的新能源汽车。根据当前的汽车发展趋势，未来的智能网联汽车主要以新能源汽车为主。智能网联汽车由环境感知层、智能决策层以及控制执行层组成，如图 1-2 所示。

图 1-1　智能网联汽车

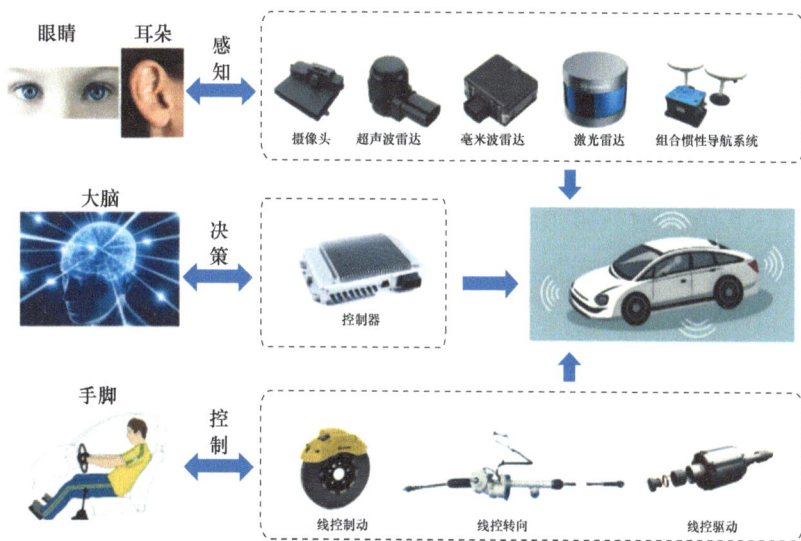

图 1-2　智能网联汽车的结构组成

环境感知层的主要功能是通过车载智能传感器、卫星定位及惯性导航系统、5G 及 V2X 无线通信技术等，实现对车辆自身属性和车辆外在属性（如道路、车辆和行人等）静态、动态信息的获取和收集，并将采集到的信息数据传递给智能决策层。车载智能传感器相当于智能网联汽车的"眼睛"和"耳朵"，当前主要以摄像头、超声波雷达、毫米波雷达和激光雷达为主，它们实现对车辆周围环境信息的获取。

智能决策层的主要功能是接收环境感知层的信息，并进行多传感器的信息融合，实现对道路、车辆、行人、交通标志和信号等信息的识别，决策分析出汽车将要执行的动作，向控制执行层传递命令。智能决策层相当于智能网联汽车的"大脑"，车辆通过环境感知层从外部获取周围环境信息后，将信息进行融合处理，传送到智能决策层，车辆智能决策层依靠获得的信息做出正确精准的控制决策命令，并下达至控制执行层，以完成自动驾驶。

控制执行层的主要功能是按照智能决策层的命令，对车辆进行操控和协同控制，保障汽车安全行驶和舒适驾驶。控制执行层相当于智能网联汽车的"手脚"，用来执行决策系统的命令，最终实现车辆的行驶。智能网联汽车主要的执行机构为线控执行系统，包括线控驱动、线控制动、线控转向等。

【任务实施】 ⋯⋯⋯⋯⋯⋯⋯⋯⋯⋯⋯⋯⋯⋯⋯▶

仪器设备及工具准备

设备：自动驾驶汽车开发平台。

操作注意事项

1）熟悉智能网联汽车的结构和组成。

2）查阅智能网联汽车的技术资料。

任务实施内容

根据教师指导和所学知识，认知智能网联汽车的结构和组成部分，并记录。

学　院		专　业		班　级	
姓　名		学　号		日　期	
指导教师					
作业前准备记录					

步骤	操作方法及过程记录	操作示意图
	认知智能网联汽车环境感知层、智能决策层、控制执行层的结构及组成	
认知智能网联汽车的结构及组成	名　称：_____ 所属层：_____ 功　能：_____	
	名　称：_____ 所属层：_____ 功　能：_____	
	名　称：_____ 所属层：_____ 功　能：_____	
	名　称：_____ 所属层：_____ 功　能：_____	

（续）

步骤	操作方法及过程记录	操作示意图
认知智能网联汽车的结构及组成	名　称：＿＿＿＿＿＿＿＿＿ 所属层：＿＿＿＿＿＿＿＿＿ 功　能：＿＿＿＿＿＿＿＿＿	
	名　称：＿＿＿＿＿＿＿＿＿ 所属层：＿＿＿＿＿＿＿＿＿ 功　能：＿＿＿＿＿＿＿＿＿	
	名　称：＿＿＿＿＿＿＿＿＿ 所属层：＿＿＿＿＿＿＿＿＿ 功　能：＿＿＿＿＿＿＿＿＿	
	名　称：＿＿＿＿＿＿＿＿＿ 所属层：＿＿＿＿＿＿＿＿＿ 功　能：＿＿＿＿＿＿＿＿＿	
	名　称：＿＿＿＿＿＿＿＿＿ 所属层：＿＿＿＿＿＿＿＿＿ 功　能：＿＿＿＿＿＿＿＿＿	

【评价反馈】

作业内容	配分	作业项目	分值	扣分	备注
智能网联汽车基础的认知	100	□正确辨识智能网联汽车 □正确辨识超声波雷达 □正确辨识毫米波雷达 □正确辨识激光雷达 □正确辨识视觉传感器 □正确辨识组合惯性导航系统 □正确辨识整车控制器 □正确辨识线控制动器 □正确辨识线控转向器 □正确辨识线控驱动器			如有未完成的项目，根据情况酌情扣分
合计					

【课后测评】

一、填空题

1. 智能网联汽车代表未来汽车发展的两大技术方向，即智能化和（　　　　　　）。

2. 智能网联汽车系统由环境感知层、（　　　　　）以及控制执行层组成。

二、选择题

1.（单选）智能网联汽车（Intelligent and Connected Vehicle，ICV）是具备（　　　）、智能决策和自动控制，或与外界信息交互，乃至协同控制功能的汽车。

A. 环境感知　　　　　　B. 通信　　　　　　　　C. 导航　　　　　　　D. 娱乐

2.（多选）车载智能传感器主要包括（　　　）。

A. 超声波雷达　　　　　B. 毫米波雷达　　　　　C. 摄像头　　　　　　D. 激光雷达

3.（单选）智能网联汽车的（　　　）类似于"大脑"。

A. 智能控制层　　　　　B. 环境感知层　　　　　C. 智能决策层　　　　D. 控制执行层

4.（单选）最终实现智能网联汽车行驶功能的是（　　　）。

A. 智能控制层　　　　　B. 环境感知层　　　　　C. 智能决策层　　　　D. 控制执行层

三、简答题

1. 智能网联汽车的定义是什么？

2. 智能网联汽车的结构组成包括哪些？

任务 1.2　驾驶自动化分级的认知

【任务描述】

驾驶自动化分级是根据汽车在不同程度上的自主驾驶能力来定义的。国内外针对驾驶自动化是如何划分等级的呢？下面我们通过学习理论知识，来了解驾驶自动化分级。

【知识准备】

一、国外驾驶自动化分级

2013 年，美国国家公路交通安全管理局（NHTSA）发布了自动驾驶汽车的分级标准，包括无自动驾驶、具有特定功能的自动驾驶、具有复合功能的自动驾驶、具有限制条件的无人驾驶、全工况无人驾驶，共 5 个级别，如图 1-3 所示。

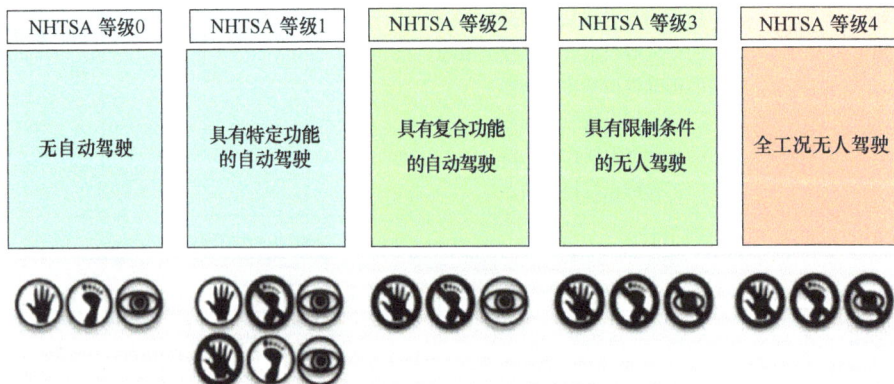

图 1-3　NHTSA 自动驾驶汽车的分级标准

2014 年，美国汽车工程师学会（SAE）发布了驾驶自动化分级标准 SAE J3016《标准道路机动车驾驶自动化系统分类与定义》。在该标准中，驾驶自动化分为无自动驾驶、驾驶辅助、部分自动驾驶、有条件自动驾驶、高度自动驾驶和完全自动驾驶，共 6 个级别，如图 1-4 所示。

SAE分级	名称	驾驶操作	周边监控	紧急接管
0	无自动驾驶	驾驶人	驾驶人	驾驶人
1	驾驶辅助	驾驶人+系统	驾驶人	驾驶人
2	部分自动驾驶	系统	驾驶人	驾驶人
3	有条件自动驾驶	系统	系统	驾驶人
4	高度自动驾驶	系统	系统	系统
5	完全自动驾驶	系统	系统	系统

图 1-4　SAE 驾驶自动化分级标准（2014 版）

NHTSA 与 SAE 的分类标准虽然划分的等级数量不同，但是在功能区分度上相似。NHTSA 语言描述相对简单，而 SAE 的标准描述更为具体，同时也参考吸收了不同行业公司在自动驾驶技术中的最新趋势。2016 年之后，由于 SAE 标准的描述更贴合自动驾驶技术的发展趋势，因此被自动驾驶技术领域广泛采用。

SAE J3016 在 2014 年发布之后，在 2016 年、2018 年和 2021 年都分别进行了更新。在最新的 SAE J3016—2021 中，考虑到驾驶辅助和主动安全功能越来越丰富的现状，对“驾驶人辅助系统”和“自动驾驶系统”进行了区分，如图 1-5 所示。这将减少用户受车企宣传影响而对车辆自动驾驶能力产生误解的可能，避免造成交通事故。

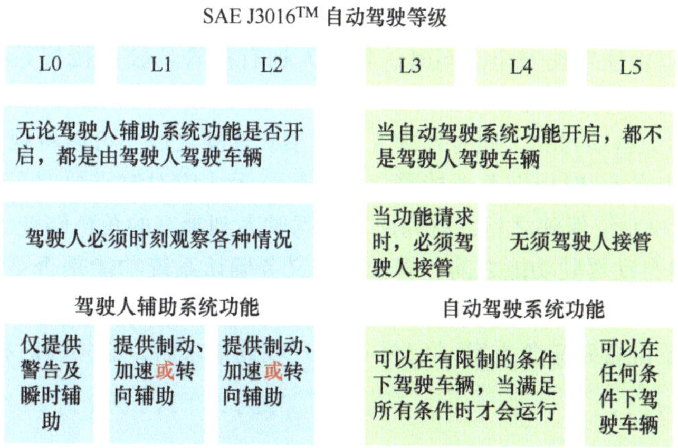

SAE J3016™ 自动驾驶等级
L0
L1
L2
L3
L4
L5
无论驾驶人辅助系统功能是否开启，都是由驾驶人驾驶车辆
当自动驾驶系统功能开启，都不是驾驶人驾驶车辆
驾驶人必须时刻观察各种情况
当功能请求时，必须驾驶人接管
无须驾驶人接管
驾驶人辅助系统功能
自动驾驶系统功能
仅提供警告及瞬时辅助
提供制动、加速或转向辅助
提供制动、加速或转向辅助
可以在有限制的条件下驾驶车辆，当满足所有条件时才会运行
可以在任何条件下驾驶车辆

图 1-5　SAE 驾驶自动化分级标准（2021 版）

SAE J3016—2021 中将 L0 至 L2 系统命名为“驾驶人辅助系统”，这 3 个级别的系统主要提供安全警告、车道居中、自适应巡航控制等功能，仍需要驾驶人不断监控行车状态，并根据需要进行转向、制动或加速。即使驾驶人的手脚离开了转向盘和踏板，驾驶的责任也依旧要由驾驶人承担。而 L3 至 L5 则被称为“自动驾驶系统”，“自动驾驶系统”根据系统开启的条件及是否需要驾驶人临时接管进行了等级划分，在系统开启后，车辆的操控工作将由自动驾驶系统完成。

其中，L2 和 L3 是辅助驾驶与自动驾驶的分界线，两者最大的区别在于驾驶主体不同。L2 的驾驶主体是驾驶人。L3 及以上，当自动驾驶系统开启时，驾驶主体是自动驾驶系统。L3 和 L4 自动驾驶系统都可以在有限的条件下驾驶车辆，当自动驾驶系统遇到无法应付的场景时，会提醒驾驶人接管。其中，L3 时驾驶人必须接管，L4 时驾驶人可以不响应自动驾驶系统的接管请求，自动驾驶系统需要自己应对接下来发生的情况。L5 自动驾驶系统可以在所有条件下驾驶车辆。

二、国内驾驶自动化分级

国家标准《汽车驾驶自动化分级》（GB/T 40429—2021），于 2022 年 3 月 1 日起正式实施，参照了 SAE J3016 中 6 个级别的分级框架，并结合我国当前实际情况进行了调整，其中，驾驶自动化等级与划分要素的关系如图 1-6 所示。

分级	名称	持续的车辆横向与纵向运动控制	目标和事件探测与响应	动态驾驶任务后援	设计运行范围
L0	应急辅助	驾驶人	驾驶人及系统	驾驶人	有限制
L1	部分驾驶辅助	驾驶人和系统	驾驶人及系统	驾驶人	有限制
L2	组合驾驶辅助	系统	驾驶人及系统	驾驶人	有限制
L3	有条件自动驾驶	系统	系统	动态驾驶任务后援用户（执行接管后成为驾驶人）	有限制
L4	高度自动驾驶	系统	系统	系统	有限制
L5	完全自动驾驶	系统	系统	系统	无限制

图 1-6 GB/T 40429—2021 中驾驶自动化等级与划分要素的关系

其中，L0 至 L2 是驾驶辅助，驾驶人依然是汽车安全行驶的责任主体。驾驶辅助系统有功能盲区，例如，当开启自适应巡航功能进行跟车行驶时，有时系统无法及时识别到加塞车辆，此时需要驾驶人进行干预，以保证驾驶安全。同时，驾驶人拥有接管驾驶或授权系统驾驶的权力，当驾驶人下达接管或授权指令时，系统必须及时反馈。

L3 至 L5，可以称为自动驾驶，此时驾驶人授权系统驾驶之后，可以将视线移至与驾驶不相关的地方。但是，驾驶人在 L3 时依旧要保持警觉，在系统无法应对时需要对车辆进行及时接管；在 L4、L5 时，驾驶人授权系统驾驶之后，就完成了从驾驶人到乘客的角色转变。

L3 至 L5，在开启自动驾驶功能之前，驾驶人有义务确认系统功能是否正常，系统也需要进行风险判定，若路况复杂，超出系统处理能力，需要及时向驾驶人反馈，请求驾驶人接管驾驶，若驾驶人无响应，则需要准备好应急方案（L3 中，用户收到请求时，必须及时接管）。

【任务实施】 ▪▪▶

驾驶自动化分级的认知

仪器设备及工具准备
设备：笔记本计算机。
操作注意事项
1）查阅驾驶自动化分级标准相关文献资料。
2）查阅国内外驾驶自动化分级关于技术要求和功能特点的相关文献资料。
3）查阅驾驶自动化分级应用场景的相关文献资料。

任务实施内容

根据教师指导和所学知识，完成自动驾驶的等级划分，并记录。

学　院		专　业		班　级	
姓　名		学　号		日　期	
指导教师					
作业前准备记录					

步骤	操作方法及过程记录	操作示意图
认知驾驶自动化分级	总结分析国内外不同驾驶自动化等级的技术特点 NHTSA：_____ SAE：_____ 国家标准：_____ 驾驶操作：_____ 周边监控：_____ 支援：_____ 系统作用域：_____ 应用举例：_____	完全人类驾驶
	NHTSA：_____ SAE：_____ 国家标准：_____ 驾驶操作：_____ 周边监控：_____ 支援：_____ 系统作用域：_____ 应用举例：_____	辅助驾驶
	NHTSA：_____ SAE：_____ 国家标准：_____ 驾驶操作：_____ 周边监控：_____ 支援：_____ 系统作用域：_____ 应用举例：_____	部分自动驾驶
	NHTSA：_____ SAE：_____ 国家标准：_____ 驾驶操作：_____ 周边监控：_____ 支援：_____ 系统作用域：_____ 应用举例：_____	有条件的自动驾驶

（续）

步骤	操作方法及过程记录	操作示意图
认知驾驶自动化分级	NHTSA：_____ SAE：_____ 国家标准：_____ 驾驶操作：_____ 周边监控：_____ 支援：_____ 系统作用域：_____ 应用举例：_____	高度自动驾驶
	NHTSA：_____ SAE：_____ 国家标准：_____ 驾驶操作：_____ 周边监控：_____ 支援：_____ 系统作用域：_____ 应用举例：_____	完全自动驾驶

【评价反馈】 ▶

作业内容	配分	作业项目	分值	扣分	备注
驾驶自动化分级的认知	100	□正确划分驾驶自动化等级 □正确理解不同驾驶自动化等级的驾驶操作 □正确理解不同驾驶自动化等级的周边监控 □正确理解不同驾驶自动化等级的系统作用域 □正确进行不同驾驶自动化等级的应用举例			如有未完成的项目，根据情况酌情扣分
合计					

【课后测评】 ▶

一、填空题

1. 2013 年，美国国家公路交通安全管理局（　　　　）发布了自动驾驶汽车的分级标准。

2. 驾驶自动化分级标准 SAE J3016，将 L0 至 L2 系统命名为（　　　　）。

二、选择题

1.（单选）美国汽车工程师学会（SAE）发布的驾驶自动化分级标准将驾驶自动化等级分为（　　）级。

A. 4　　　　　　　　B. 5　　　　　　　　C. 6　　　　　　　　D. 7

2.（单选）SAE J3016 标准中，L2 属于（　　）。

A. 无自动驾驶　　　B. 驾驶辅助　　　C. 部分自动驾驶　　　D. 高度自动驾驶

3. （单选）当前，根据 GB/T 40429—2021，量产车型的驾驶辅助功能处于（　　）级。

A. L1　　　　　　　B. L2　　　　　　　C. L3　　　　　　　D. L4

4. （单选）根据 GB/T 40429—2021，L2 的驾驶主体是（　　）。

A. 驾驶人　　　　　　　　　　　　B. 自动驾驶系统

C. 智能网联汽车　　　　　　　　　D. 驾驶人和自动驾驶系统

5. （单选）根据 GB/T 40429—2021，（　　）级及以上的智能网联汽车，驾驶人可以不用强制进行车辆操控的接管。

A. L2　　　　　　　B. L3　　　　　　　C. L4　　　　　　　D. L5

6. （多选）我国的《汽车驾驶自动化分级》（GB/T 40429—2021）中，属于驾驶辅助的是（　　）级。

A. L0　　　　　　　B. L1　　　　　　　C. L2　　　　　　　D. L3

7. （多选）智能网联汽车处于（　　）级时，驾驶人可以不响应自动驾驶系统的接管请求，自动驾驶系统需要自己应对接下来发生的情况。

A. L2　　　　　　　B. L3　　　　　　　C. L4　　　　　　　D. L5

三、简答题

1. 请简述 SAE J3016—2021 中 L2 和 L3 的主要区别。

2. 请简述 GB/T 40429—2021 中 L3 和 L4 的主要区别。

3. 请简述 GB/T 40429—2021 中 L4 和 L5 的主要区别。

任务 1.3　智能网联汽车发展趋势的认知

【任务描述】

　　智能网联汽车的发展日益迅速，它是汽车智能化和网联化融合的产物。它的国内外发展趋势如何呢？下面我们通过学习理论知识，来了解智能网联汽车的发展历程及趋势。

【知识准备】

一、国外智能网联汽车发展的历程及趋势

智能网联汽车是智能化和网联化融合的产物，与智能化对应的自动驾驶技术在 20 世纪 20 年代就已经被提出，从最初的车辆通过信号遥控到如今的量产车型上广泛搭载的先进驾驶辅助系统（Advanced Driving Assistant System，ADAS），其承载了一代又一代科学家对于人类出行智能化、高效化、自动化的无限渴望。

1925 年，一辆驾驶位上没有驾驶人的 Chandler 汽车行驶在纽约车水马龙的道路上，如图 1-7 所示，在车上无任何驾驶人行为干预的情况下，这辆能够自主行驶的汽车所有的行驶指令都是通过车后发出的无线电遥控信号进行控制的。之后，自动驾驶的概念被多次放入各种实验车辆，并在各种展会的展台上进行展示，向公众传达未来的交通形态。

1939 年，美国通用汽车公司的哈雷厄尔火鸟Ⅲ车型问世，如图 1-8 所示。该车希望通过无线电控制的电磁场来实现自动驾驶，但是由于电磁场的存在，单纯依靠汽车本身还不够，还需要对

路面进行改造，其缺点显而易见。由于这项工程的繁复，以至于到了 1958 年，这辆车才在纽约世博会的舞台上走上了专属的电磁场路。

图 1-7　1925 年的 Chandler 无人车

图 1-8　美国通用汽车公司的哈雷厄尔火鸟Ⅲ车型

再之后，自动驾驶技术只是集中在大学实验室或汽车公司的研究院中，并未能形成一个真正的产业，其核心原因在于自动驾驶虽然在理论上可行，但是由于受到关键性技术和材料的约束，导致自动驾驶技术很难应用。

2004 年，美国军事研究机构 DARPA 开始举办无人车越野大赛。第一届 DARPA 挑战赛于 2004 年 3 月在美国莫哈维沙漠地区举行。比赛要求参赛车辆必须是无人驾驶的自主地面车辆，不允许远程遥控，并对每辆赛车进行实车跟踪，在 10h 内行驶完 240km 路程，最先到达终点的队伍获胜，但最终 15 支参赛团队都没能顺利完成任务。2005 年举办的第二届比赛，斯坦福团队开发的搭载了激光雷达、摄像头和毫米波雷达的 Stanley 赛车（图 1-9）以不到 7h 的成绩获得冠军。

谷歌从 2009 年开始研发无人驾驶汽车，其利用 GPS（全球定位系统）、摄像头、毫米波雷达和激光雷达"感受"周围的环境。该汽车能发现距离汽车 2 个足球场长度距离的物体，其中包括人、车辆、施工区、鸟、骑车人等。2014 年 5 月，谷歌开发了自己的无人驾驶原型车，如图 1-10 所示，该原型车没有制动踏板、没有转向盘，甚至没有加速踏板，只有一个用于起动汽车的按键。

随着谷歌无人驾驶项目的稳步推进，特斯拉在 2013 年发布了 Autopilot，该系统可以实现车辆在车道内自动辅助转向、自动辅助加速和自动辅助制动，并且在不断地进行更新迭代。2020 年 10 月，特斯拉发布了 FSD（Full Self-Drive），即完全自动驾驶，它是自动辅助驾驶功能的升级版，实

图 1-9 斯坦福团队开发的 Stanley 赛车

图 1-10 谷歌无人驾驶原型车

现了自动泊车、高速公路自动驾驶、堵车自动跟随等功能。

　　未来，以特斯拉为代表的欧美企业，将通过搭载高性能传感器、大算力计算平台实现单车的自动驾驶，通过数据积累持续赋能自动驾驶"中央大脑"。

二、国内智能网联汽车发展的历程及趋势

　　国内自动驾驶技术的研究起源于 20 世纪 90 年代，由国防科技大学、哈尔滨工业大学和沈阳自动化研究所三家单位共同打造的 ATB-1 测试样车，如图 1-11 所示，它是我国第一辆能够自主行驶的测试样车，其行驶速度可以达到 21km/h。这标志着我国自动驾驶行业正式起步并进入探索期，自动驾驶的技术研发正式启动。

　　在这之后的时间里，自动驾驶技术都只停留在试验样车阶段，直到 2011 年，红旗 HQ3 首次完成了从长沙到武汉 286km 的高速全程无人驾驶试验。红旗 HQ3 全程自动驾驶平均速度为 87km/h，创造了我国自主研制的无人驾驶汽车在复杂交通状况下自动驾驶的新纪录。这标志着我国无人驾驶汽车在复杂环境识别、智能行为决策和控制等方面实现了新的技术突破。

　　2015 年，国内互联网公司——百度也加入到自动驾驶技术的领域，在国内首次实现了无人驾驶汽车在城市、环路及高速道路混合路况下的全自动驾驶，并实现了多次跟车减速、变道、超车、

图1-11　ATB-1测试样车

上下匝道、调头等复杂驾驶动作以及不同道路场景的切换，测试时最高速度达到100km/h，如图1-12所示。

随后，众多国内传统车企也纷纷加入到自动驾驶技术的研究中来。2016年，长安汽车宣布完成2000km超级无人驾驶测试项目，在历时近6天的时间里，无人驾驶汽车从重庆开到了北京。同年，由工业和信息化部批准的国内首个"国家智能网联汽车（上海）试点示范区"封闭测试区正式开园运营，如图1-13所示。

图1-12　百度自动驾驶测试样车

图1-13　国家智能网联汽车（上海）试点示范区

近年来，汽车企业及科技企业纷纷加快推进智能网联汽车产品的研发，稳步推进自动驾驶技术的商业化发展。从自动驾驶汽车的概念出现以来，在自动驾驶技术分级要求下，近年来，国内不少城市都在出台相关政策，不断推动自动驾驶汽车向前发展。

2017年12月，北京市交通委联合北京市公安交管局、北京市经济信息委等部门，制定发布了《北京市关于加快推进自动驾驶车辆道路测试有关工作的指导意见（试行）》和《北京市自动驾驶车辆道路测试管理实施细则（试行）》两个文件，明确了自动驾驶汽车申请临时上路行驶的相关条件。由百度和中国一汽联手打造的中国首批量产L4自动驾驶乘用车——红旗EV，获得5张北京市自动驾驶道路测试牌照。2018年2月，上海市发布《上海市智能网联汽车道路测试管理办法（试行）》，划定第一阶段5.6km开放测试道路，并发放了第一批测试号牌，如图1-14所示。

对于未来，中国工程院院士、清华大学教授李克强以打造"车路云"协同体系为目标，提出了智能网联汽车发展的中国方案。与发展单车智能的技术路径相比，我国提出的发展智能网联汽车，不仅是发展汽车本身，而是协同发展由智能网联汽车、路侧基础设施、云控平台、通信网等共同组成的复杂信息物理系统。发展车路云融合的智能网联汽车，并不会增加单车智能的成本及

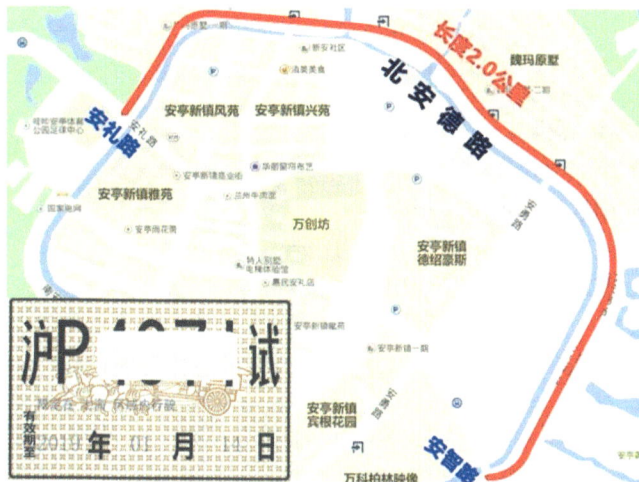

图 1-14　上海无人驾驶测试道路

技术实现难度，还可兼容现有的单车智能方案，即整个系统可根据外部情况和使用条件，将车路云融合智能模式降维至单车智能模式。我国提出的车路云融合的智能网联汽车发展路线，以汽车产业作为创新发展的平台载体，融合我国在新能源、计算机、通信、互联网等领域的特色优势，有利于加快制造强国、交通强国、网络强国、数字中国建设。

未来，在政策、技术发展、社会需求等多维度因素的推动下，国内自动驾驶技术将会迎来井喷式发展，我国有望成为全球最大的智能汽车市场。

【知识拓展】

智能网联汽车——汽车工业发展的新赛道

当前，能源、互联网、人工智能等领域正在进行深刻变革，受此影响，汽车产业不断向"电动化、网联化、智能化、共享化"发展，新能源汽车与智能网联汽车将相互支撑协同发展。

习近平总书记指出："当今世界制造业竞争激烈，要抢抓机遇，大力发展战略性新兴产业，实现弯道超车。"汽车产业是国民经济的重要支柱，近年来我国新能源与智能网联汽车行业抓住新能源、新材料、新一代信息技术等的变革迭代与交叉融合机遇，发挥我国规模化市场优势和产业、财税、科技、信贷组合拳政策优势，开辟了汽车工业发展的新赛道，成为制造业高端化、智能化、绿色化发展的典范。

2023 年 6 月 29 日，2023 国际新能源智能网联汽车创新生态大会（CIEV）在浙江瑞安开幕。本次大会以"新汽车、新技术、新生态、新机遇"为主题，来自整车及头部零部件企业、行业机构、科研院所及高校等领域的 700 余位专家学者围绕"智能网联汽车产业生态""汽车供应链协同创新发展""科技成果转移转化"等行业热点话题，展开深入交流研讨。大会旨在促进汽车产业链条上下贯通、协同创新与区域合作，推动培育新技术、新产品、新业态和新模式，全面提升区域汽车产业创新能力，助力地方产业和社会经济高质量发展。

课后调研：请通过阅读书籍或者互联网搜索，调研一种中国自主品牌通过自主创新实现"弯道超车"的例子，并与同学分享。

【任务实施】 ┠••▶

仪器设备及工具准备

设备：笔记本计算机。

操作注意事项

1）查阅智能网联汽车的发展报告。

2）查阅智能网联汽车的技术创新能力报告。

3）查阅智能网联汽车的市场应用报告。

任务实施内容

根据教师指导和所学知识，认知智能网联汽车的总体发展目标，并记录。

智能网联汽车发展趋势的认知

学　院		专　业		班　级	
姓　名		学　号		日　期	
指导教师					

作业前准备记录

步骤	操作方法及过程记录
	总结智能网联汽车的总体发展目标
认知智能网联汽车的总体发展目标	发展期（2020~2025 年）总体目标： 推广期（2026~2030 年）总体目标： 成熟期（2031~2035 年）总体目标：
	总结智能网联汽车的技术和创新能力发展目标
认知智能网联汽车的技术和创新能力发展目标	发展期（2020~2025 年）技术和创新能力发展目标： 推广期（2026~2030 年）技术和创新能力发展目标： 成熟期（2031~2035 年）技术和创新能力发展目标：
	总结智能网联汽车的市场应用发展目标
认知智能网联汽车的市场应用发展目标	发展期（2020~2025 年）市场应用发展目标： 推广期（2026~2030 年）市场应用发展目标： 成熟期（2031~2035 年）市场应用发展目标：

【评价反馈】

序号	作业内容	配分	作业项目	分值	扣分	备注
1	智能网联汽车的总体发展目标的认知	30	□了解发展期（2020~2025年）总体目标 □了解推广期（2026~2030年）总体目标 □了解成熟期（2031~2035年）总体目标			如有未完成的项目，根据情况酌情扣分
2	智能网联汽车的技术和创新能力发展目标的认知	30	□了解发展期（2020~2025年）技术和创新能力发展目标 □了解推广期（2026~2030年）技术和创新能力发展目标 □了解成熟期（2031~2035年）技术和创新能力发展目标			
3	智能网联汽车的市场应用发展目标的认知	40	□了解发展期（2020~2025年）市场应用发展目标 □了解推广期（2026~2030年）市场应用发展目标 □了解成熟期（2031~2035年）市场应用发展目标			
合计						

【课后测评】

一、填空题

1. 智能网联汽车是智能化和（　　　　）的结合物。

2. 我国提出的发展智能网联汽车，不仅是发展汽车本身，而是协同发展由智能网联汽车、（　　　　）、云控平台、通信网等共同组成的复杂信息物理系统。

二、选择题

1. （单选）2020年10月，特斯拉发布了（　　　），即完全自动驾驶，它是自动辅助驾驶功能的升级版。

A. Autopilot　　　　B. FSD　　　　C. NAP　　　　D. NGP

2. （单选）以特斯拉为代表的国外企业，未来在智能网联汽车发展上推崇（　　）路线。

A. 单车智能　　B. 车路协同　　C. 多车协同　　D. 车网联动

3. （单选）智能网联汽车的中国方案是指（　　）。

A. 单车智能　　B. 车路协同　　C. 多车协同　　D. 车网联动

4. （多选）国外进行智能网联汽车相关研究的企业包括（　　）。

A. 谷歌　　　B. 特斯拉　　　C. 百度　　　D. 小马智行

5. （多选）智能网联汽车的车路协同方案需要协同发展由（　　）等共同组成的复杂信息物理系统。

A. 路侧基础设施　　B. 云控平台　　C. 通信网　　　D. 智能网联汽车

三、简答题

1. 简述欧美企业为什么要发展单车智能技术。

2. 简述我国为什么要发展车路协同技术。

项目 2

智能传感器的认知与安装

【学习目标】

素质目标：

1) 培养严谨审慎、勤劳务实、精益求精的工匠精神。
2) 培养友善品质，培养分工协作、优势互补、相互帮助、共同进步的团队合作意识。
3) 培养爱国主义精神，树立社会主义核心价值观。

知识目标：

1) 熟知智能传感器的组成、功能及特点。
2) 理解智能传感器的工作原理及应用场景。
3) 理解智能传感器的标定。
4) 能通过查阅数据手册获取智能传感器参数、性能指标。

能力目标：

1) 认识智能传感器。
2) 能够描述智能传感器的基本工作原理。
3) 掌握智能传感器的安装方法。

任务 2.1　超声波雷达的认知与安装

【任务描述】

　　超声波雷达是利用超声波的特性研制而成的一款常见的传感器。它包括哪些部分，又是如何工作的呢？下面我们通过学习理论知识和动手安装实践，来认识超声波雷达。

【知识准备】

一、超声波雷达认知

　　声音以波的形式传播，称为声波。按频率分类，频率低于 20Hz 的声波称为次声波，是人耳听不到的声波；频率在 20Hz~20kHz 的声波称为可闻声波，即人耳能分辨的声波；频率大于 20kHz 的声波称为超声波。

　　超声波是一种机械波，具有方向性好、穿透力强、灵敏度高、遇到杂质或分界面会产生显著的反射作用的特点。超声波对色彩、光照度不敏感，但其抗干扰能力强，可以全天候工作，还可以在室内、黑暗、有灰尘或烟雾、电磁干扰等恶劣的环境中使用。超声波雷达就是利用超声波的这些物理性质来实现声电转换的。超声波雷达结构简单、体积小、成本低、信息处理简单可靠，易于小型化与集成化，可以进行实时控制。利用超声波雷达可以探知周围的障碍物情况，使驾驶人泊车、倒车和起动车辆时可以无须前后左右探视，帮助驾驶人消除盲点和视线模糊缺陷，提高行车安全性。所以，无论是传统的预警还是如今的自动泊车功能，还是融合方式，超声波雷达在现有的技术和条件下，都有着成本和技术的优势，成为最常见的车载传感器之一。超声波雷达外观如图2-1所示。

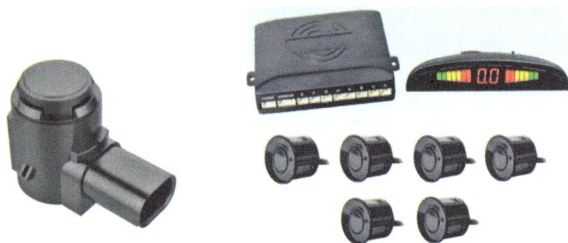

图 2-1　超声波雷达外观

二、超声波雷达的组成及工作原理

超声波雷达主要由发射器、接收器、控制电路和电源等部分组成。其中发射器是超声波雷达的核心部件之一，由超声波发送器与超声波换能器（探头）组成，主要负责产生超声波。超声发送器通过振荡电路产生高频信号，经放大器驱动超声波换能器，将电信号转换成超声波发射出去。接收器是超声波雷达的另一个核心部件，由超声波换能器与放大电路等组成，负责接收从被测物表面反射回来的超声波，接收器接收到信号后，利用超声波换能器将其转换为电信号输出。控制电路主要对超声波发送器发送的信号频率、占空比、计数、探测距离等进行控制，以便能更准确地获得超声波雷达与被测物之间的距离。超声波雷达的典型结构如图2-2所示。

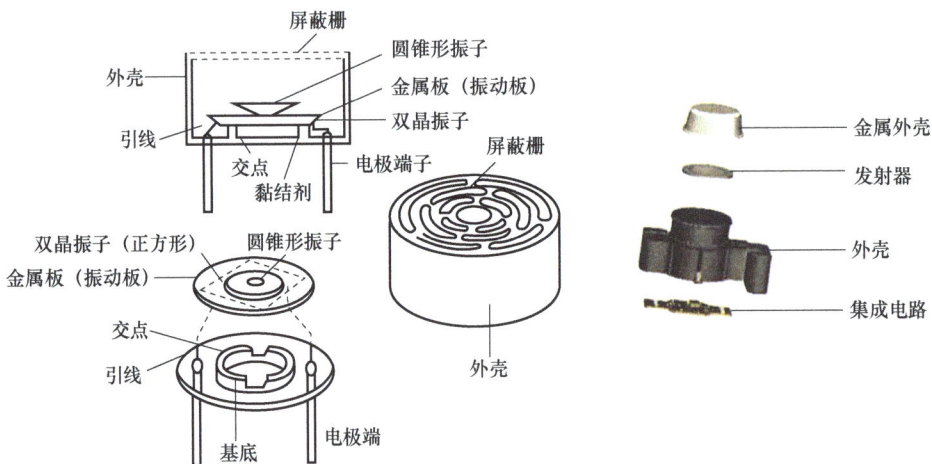

图 2-2　超声波雷达典型结构

汽车上用的压电式超声波雷达常用的材料有压电晶体和压电陶瓷，它们都是典型的压电材料，具有压电效应。超声波雷达就是在发射器端对压电材料施加激励脉冲电压，利用压电材料的逆压电效应向外发出超声波；超声波经被测物反射后被接收器接收，通过压电材料的压电效应转换成电荷，电荷再经测量转换电路转换成电量输出。简单地说，超声波雷达的工作原理就是利用超声波发射器向外发出超声波，遇到障碍物时被反射回来，接收器接收反射回来的超声波，通过计算超声波在空气中传播的时间差与超声波在空气中传播速度的乘积来进行测距的。假设超声波在空气中的传播速度为 C，从发射到接收所需的传播时间为 t，则超声波到被测物表面的距离为 $D = Ct/2$，即只要能测出传播时间，便可求得被测距离。超声波雷达的工作原理如图 2-3 所示。超声波的传播速度 C 受温度的影响，近似关系为：$C = C_0 + 0.607T$，其中，C_0 为超声波在 0℃时的速度，为 332m/s，T 为温度（℃）。

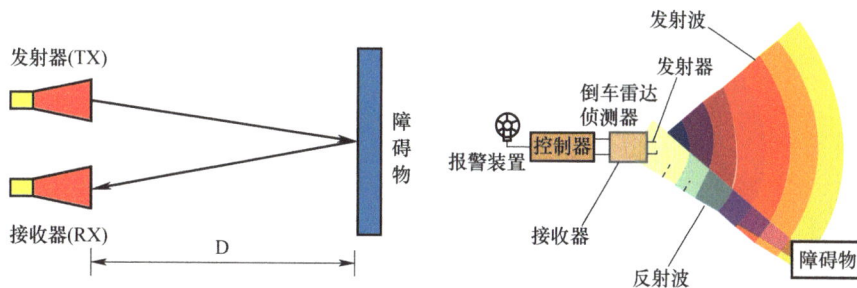

图 2-3　超声波雷达的工作原理

三、超声波雷达的分类

按照工作频率进行分类，超声波雷达常用的有 40kHz、48kHz、58kHz 三种。一般来说，频率越高，灵敏度越高，但其水平与垂直方向的探测角度也越小。汽车上用来测距的主要是 40kHz 的超声波雷达。

按照工作原理进行分类，超声波雷达可分为压电式、磁致伸缩式、电磁式等。汽车上主要采用压电式超声波雷达。

按照安装方式进行分类，超声波雷达可以分为透射式和反射式，如图 2-4 所示。当超声波雷达的发射器与接收器分别置于被测物两侧时，属于透射式超声波雷达。透射式超声波雷达可用于遥控器和防盗报警器中。当超声波雷达的发射器与接收器置于同侧时，属于反射式超声波雷达。反射式超声波雷达可用于测距、测液位或物位、金属探伤以及测厚等。反射式超声波雷达又可以分为发射器与接收器分体和收发一体两种形式。

按照结构进行分类，超声波雷达又分为直探头、斜探头、双探头、表面波探头、聚焦探头、冲水探头、水浸探头、高温探头、空气传导探头以及其他专用探头等结构形式。

按照应用场景进行分类，车载超声波雷达主要分为超声波泊车辅助（Ultrasonic Parking Assitant，UPA）和全自动泊车辅助（Automatic Parking Assitant，APA）两类。

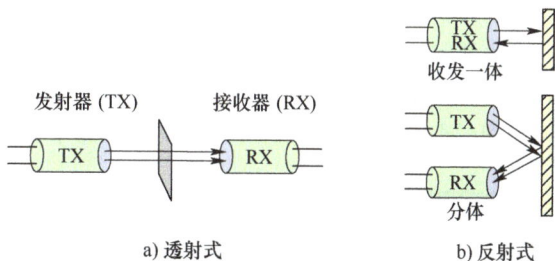

a) 透射式　　　　b) 反射式

图 2-4　透射式和反射式超声波雷达

UPA 和 APA 探测范围如图 2-5 所示。UPA 是一种短程超声波雷达，主要安装在车身的前部与后部，检测范围为 25cm～2.5m，由于检测距离不大，其多普勒效应和温度干扰小，检测更准确。APA 是一种远程超声波雷达，主要用于车身侧面，检测范围为 30cm～5m，可覆盖一个停车位。APA 方向性强，波的传播性能优于 UPA，且不易受到其他超声波雷达的干扰，但其检测距离越远，检测误差越大。

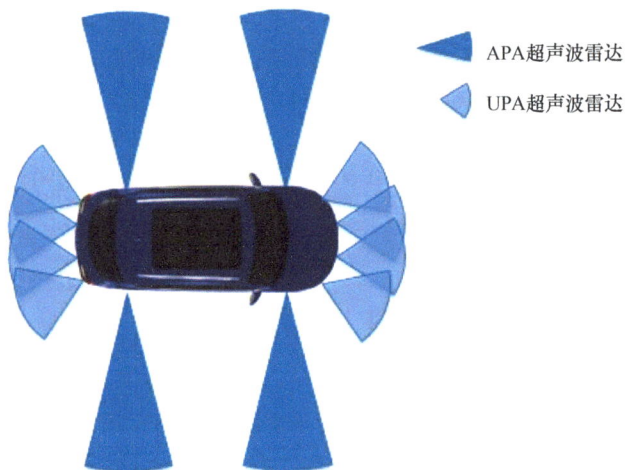

图 2-5　UPA 和 APA 探测范围

四、超声波雷达的应用

超声波雷达可以有效检测到车辆周围近距离的障碍物，在短距离测量场景中有着非常大的优势。目前，在各级别的自动驾驶汽车中，超声波雷达都是不可或缺的传感器，广泛应用于倒车辅助、自动泊车、盲区检测等系统中。

常见的倒车辅助系统应用的就是超声波雷达，如图 2-6 所示。在这个过程中，超声波雷达通常需要与控制器、扬声器和显示器结合使用，从而以声音或者图像的方式告知驾驶人周围障碍物的情况，提高驾驶安全性。

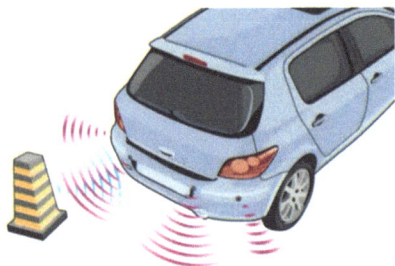

图 2-6　超声波雷达倒车辅助

除障碍物检测外，超声波雷达还可用于自动泊车系统，如图 2-7 所示。泊车位检测是自动泊车系统的第一步，主要依赖安装在车辆侧方的 APA 超声波雷达。在汽车缓缓驶过停车位时，汽车侧方的 APA 超声波雷达会得到一个探测距离与时间的关系，然后计算得到停车位的近似长度。当检测的停车位长度大于汽车泊入所需的最短长度时，则认为当前空间有车位，从而继续完成自动泊车。

超声波雷达还可应用于高速横向辅助系统，例如，特斯拉 Model S 车型就具有此功能。在行驶过程中，如果左后方有车辆渐渐驶近，在离本车距离较近时，在确保右侧有足够空间的情况下，特斯拉 Model S 会自主向右微调，降低与左侧车辆的碰撞风险，如图 2-8 所示。

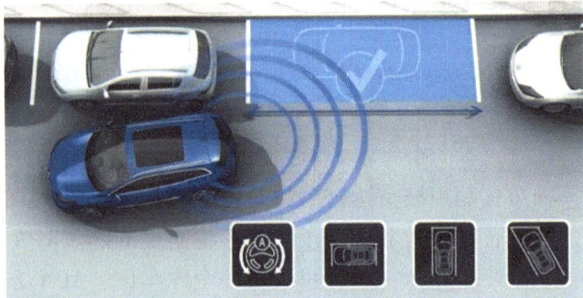

图 2-7　超声波雷达自动泊车

图 2-8　超声波雷达高速横向辅助

【任务实施】

仪器设备及工具准备

1）设备：超声波雷达套件、智能网联教学车。

2）工具：计算机、CAN 分析仪、拆装工具套件、直流电源、万用表。

操作注意事项

1）超声波雷达探头安装位置和安装高度要正确。

2）超声波雷达控制器接线端口方向与探头线束方向要一致，线束连接要按顺序。

3）超声波雷达线束连接要正确、牢固。

任务实施内容

根据教师指导和所学知识，安装超声波雷达，并记录。

超声波雷达
的认知与
安装

学　院		专　业		班　级	
姓　名		学　号		日　期	
指导教师					
作业前准备记录					

步骤	操作方法及过程记录	操作示意图
	了解超声波雷达的组成，查阅超声波雷达相关特性参数，识别超声波雷达接线端子	
认识超声波雷达	超声波雷达控制器参数 名称：＿＿＿＿＿＿＿＿＿＿ 型号：＿＿＿＿＿＿＿＿＿＿ 软件版本：＿＿＿＿＿＿＿＿ 硬件版本：＿＿＿＿＿＿＿＿	
	认识并检查超声波雷达线束、超声波雷达探头外观完整、无损坏，接线口针脚正常 是否完成：□是　□否	

（续）

步骤	操作方法及过程记录	操作示意图
认识超声波雷达	连接超声波雷达线束，检查超声波雷达功能是否正常 是否完成：□是　□否	
安装超声波雷达	确定超声波雷达探头的安装位置和安装高度 安装位置：＿＿＿＿＿＿＿＿＿＿＿＿＿ 安装高度：＿＿＿＿＿＿＿＿＿＿＿＿＿	
	将超声波雷达探头带有"上"字的方向朝上正放进安装位置中，并按压至无间隙 是否完成：□是　□否	
	将超声波雷达控制器接线端口方向摆放为与探头线束方向一致，安装超声波雷达控制器 是否完成：□是　□否	
	连接超声波雷达控制器端线束 是否完成：□是　□否	

（续）

步骤	操作方法及过程记录	操作示意图
安装超声波雷达	连接超声波雷达探头端线束 是否完成：□是　□否	
	确定电源线正负极，并测量电压 电源线正负极区别：＿＿＿＿＿＿＿ 电源电压：＿＿＿＿＿＿＿＿＿＿＿	
	连接超声波雷达控制器电源线 是否完成：□是　□否	
检查安装情况，6S 管理	超声波雷达安装位置和安装高度是否正确：□是　□否 超声波雷达控制器接线端口方向与探头线束方向是否一致：□是　□否 超声波雷达线束连接是否正确、牢固：□是　□否	

【评价反馈】

序号	作业内容	配分	作业项目	扣分	得分	备注
1	认识超声波雷达	20	□熟知超声波雷达的结构、特性和功能 □理解超声波雷达的工作原理 □识别超声波雷达线束 □检测超声波雷达的功能			如有未完成的项目，根据情况酌情扣分
2	安装超声波雷达	60	□确认超声波雷达的安装位置 □正确安装超声波雷达探头和控制器 □正确连接超声波雷达线束 □查阅数据手册，确定超声波雷达的工作电压 □正确测量超声波雷达的供电电压 □正确连接超声波雷达控制器电源线			

（续）

序号	作业内容	配分	作业项目	扣分	得分	备注
3	检查安装情况	10	☐超声波雷达安装合理 ☐超声波雷达线束连接正确、牢固			如有未完成的项目，根据情况酌情扣分
4	6S管理	10	☐6S管理：整理、整顿、清扫、清洁、素养、安全			
			合计			

【课后测评】

一、填空题

1. 超声波是一种频率大于（　　　　）的声波，是一种机械波。

2. 超声波雷达的工作原理是利用超声波发射器向外发出超声波，遇到障碍物时被反射回来，接收器接收反射回来的超声波，通过计算超声波在空气中传播的（　　　　）与超声波在空气中传播速度的乘积来进行测距的。

3. 超声波方向性好、穿透力强、灵敏度高，遇到杂质或分界面会产生显著的（　　　　）作用，利用该特性可以进行超声波测距。

4. 超声波的频率越高，灵敏度越高，但其水平与垂直方向的探测角度就（　　　　）。

5. 安装在汽车车身的前部与后部的超声波雷达是（　　　　）。

二、选择题

1. （单选）超声波雷达中，利用逆压电效应产生超声波的是（　　）部分。

A. 发射器　　　　　B. 接收器　　　　　C. 控制电路　　　　　D. 电源

2. （单选）汽车上常用的超声波雷达的频率是（　　）。

A. 40kHz　　　　　B. 48kHz　　　　　C. 58kHz　　　　　D. 60kHz

3. （单选）超声波雷达的接收器收到超声波后，利用（　　）效应，将超声波转换成了电量。

A. 压电　　　　　B. 逆压电　　　　　C. 光电　　　　　D. 应变

4. （单选）超声波测量物位是根据超声波在两种介质的分界面上的（　　）特性而工作的。

A. 反射　　　　　B. 折射　　　　　C. 衍射　　　　　D. 散射

5. （单选）若用超声波雷达进行测距，超声波在空气中的传播速度为340m/s，测量时间间隔为20ms，则障碍物距离超声波雷达（　　）。

A. 6.8m　　　　　B. 3.4m　　　　　C. 6.8mm　　　　　D. 3.4mm

6. （多选）超声波雷达可应用于（　　）场景。

A. 倒车辅助　　　　　　　　　　　B. 自动泊车

C. 盲区检测　　　　　　　　　　　D. 高速横向辅助

7. （多选）按照工作频率进行分类，超声波雷达有（　　）三种。

A. 40kHz　　　　　B. 48kHz　　　　　C. 58kHz　　　　　D. 60kHz

8. （多选）超声波雷达主要由（　　）等部分组成。

A. 发射器　　　　　B. 接收器　　　　　C. 控制电路　　　　　D. 电源

9. （多选）反射式超声波雷达可应用于（　　）场景。

A. 测距　　　　　B. 测液位　　　　　C. 金属探伤　　　　　D. 测厚

10. （多选）下列关于超声波说法正确的是（　　）。

A. 超声波是一种机械波　　　　　　B. 超声波对色彩、光照度不敏感

C. 超声波可以全天候工作　　　　　　D. 超声波抗干扰能力强

11. （多选）车载超声波雷达一般安装在汽车的（　　）位置。

A. 车辆顶部　　　　　　　　　　　　B. 车辆前部

C. 车辆后部　　　　　　　　　　　　D. 车身四周

三、简答题

1. 简述超声波雷达的优缺点。

2. 简述超声波雷达的测距原理。

3. 超声波雷达可以用在哪些场景？

任务2.2　毫米波雷达的认知与安装

【任务描述】

毫米波雷达是利用毫米波频段的电磁波进行探测的传感器。它包括哪些部分，又是如何工作的呢？下面我们通过学习理论知识和动手安装实践，来认识毫米波雷达。

【知识准备】

一、毫米波雷达认知

毫米波雷达是工作在毫米波波段探测的雷达，其波长较短，通常在1~10mm，频率范围在30~300GHz。相较于传统的其他频段雷达，毫米波雷达具有较高的分辨率能力，其外观如图2-9所示。

在工作过程中，毫米波雷达会发送一系列的毫米波信号，这些信号会与目标物体进行相互作用。当毫米波与目标物体交互时，部分能量会被目标物体吸收、反射、散射或透射。接收器会接收到反射回来的毫米波信号，并将其转换为电信号。通过分析接收到的信号，毫米波雷达可以获取目标物体的距离、速度、方向和形状等信息。

毫米波雷达在性能方面具有一定优势。由于毫米波的波长较短，可以实现高分辨率的目标检测和成像，可以准确地识别出目标物体的位置和形态。毫米波雷达受恶劣天气条件的影响较小，如雨、雪、雾等天气环境不会对其检测性能造

图2-9　毫米波雷达外观

成太大影响。毫米波雷达的工作频段不会对人体产生危害，因此被广泛用于自动驾驶、智能交通、安防监控、无人机、工业检测等领域。毫米波雷达为环境感知和安全保障提供了可靠和高效的解决方案。

二、毫米波雷达的组成

毫米波雷达的组成主要包括前端单片微波集成电路（MMIC）收发模块、天线PCB、信号处理模块、电源管理模块等，如图2-10所示。毫米波雷达采用毫米波信号进行目标检测和测量。发射器产生并发射毫米波信号。因为这些信号具有较短的波长，能够较好地穿越大气层并与目标物体

发生作用。当发射的毫米波信号与目标物体相互作用时，毫米波雷达接收这些反射回来的信号并将其转换为电信号。毫米波雷达的信号处理模块对接收到的信号进行处理和分析，通过时域和频域的处理算法，提取目标物体的特征，如距离、速度、方向等。根据信号处理结果，利用特定的算法和模型进行数据解译和目标提取，这样就可以区分目标与背景噪声，并确定目标物体的相关属性。

三、毫米波雷达的分类及工作原理

目前，世界各国对车载毫米波雷达分配的频段各有不同，主要有 24GHz、60GHz、77GHz、79GHz 等频段。其中，24GHz 毫米波雷达主要用于近距离（60m 以内）探测；77GHz 毫米波雷达主要用于中远距离（150~250m）探测。毫米波雷达检测距离示意图如图 2-11 所示。

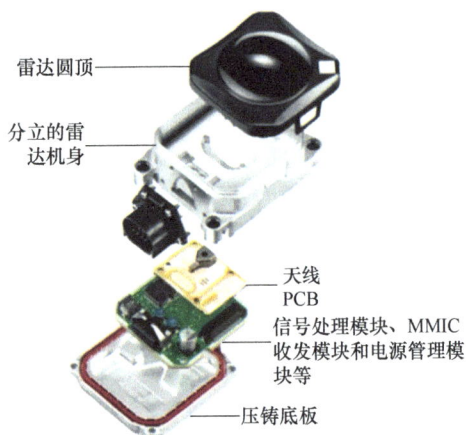

图 2-10　毫米波雷达的组成

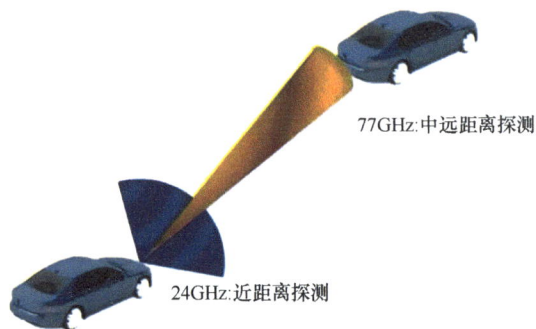

图 2-11　毫米波雷达检测距离示意图

毫米波雷达按探测距离可分为近距离（SRR）、中距离（MRR）和远距离（LRR）毫米波雷达。为了满足不同距离范围的探测需要，一辆汽车上会安装多个短距离、中距离和长距离毫米波雷达，见表 2-1。

表 2-1　毫米波雷达按探测距离分类情况

参数	短程毫米波雷达	中程毫米波雷达	远程毫米波雷达
频带/GHz	24	76~77	77~81
带宽/GHz	4	0.6	0.6
测距范围/m	0.15~60	1~100	10~250
最大视角/(°)	±80	±40	±15
测距精度/m	±0.02	±0.1	±0.1
方位精度/(°)	±1	±0.1	0.1
测速精度/(m/s)	0.1	0.1	0.1

根据辐射电磁波方式不同，毫米波雷达可分为脉冲和连续波两类，其中，连续波又可以分为频移键控（FSK）连续波、恒频连续波（CW）、调频连续波（FMCW）等。目前，大多数车载毫米波雷达都采用调频连续波式，其中，线性调频连续波具有穿透能力强、精度高、稳定性高、抗干扰能力强的特点，如图 2-12 所示。

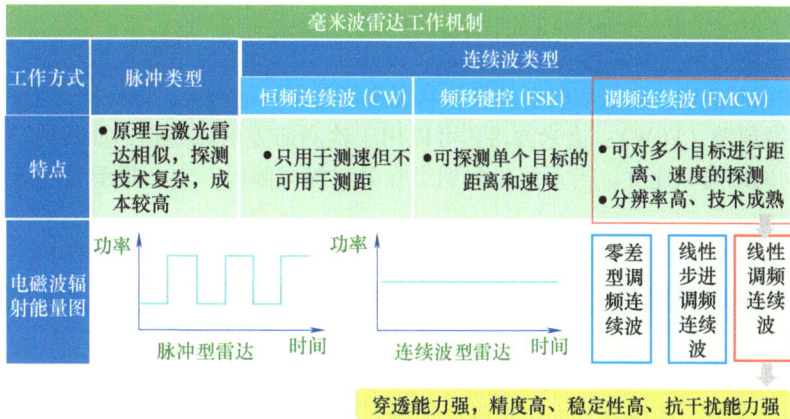

图 2-12　毫米波雷达按辐射电磁波方式分类

毫米波雷达利用多普勒效应测量目标的速度和距离，通过发射源向给定目标发射毫米波信号，分析发射信号频率与反射信号频率之间的差值，精确测量目标相对于毫米波雷达的距离和速度等信息。毫米波雷达测量原理如图 2-13 所示。

毫米波雷达测量目标的距离和速度分别为

$$s = \frac{c\Delta t}{2} = \frac{cTf'}{4\Delta f} \tag{2-1}$$

$$u = \frac{c f_d}{2 f_0} \tag{2-2}$$

式中，s 为相对距离（m）；u 为相对速度（m/s）；c 为光速；f' 为发射信号与反射信号的频率差；Δf 为调频带宽；f_0 为发射信号的中心频率；f_d 为多普勒频率。

毫米波雷达发射天线发射出的毫米波信号，遇到被测目标会反射回来，通过计算毫米波雷达 2 根并列的接收天线分别收到的同一被测目标反射信号的相位差，就可以得出被测目标的方位角。毫米波雷达测量目标方位角的原理如图 2-14 所示。

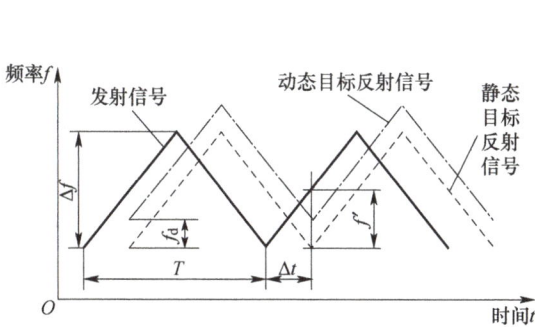

图 2-13　毫米波雷达测量原理

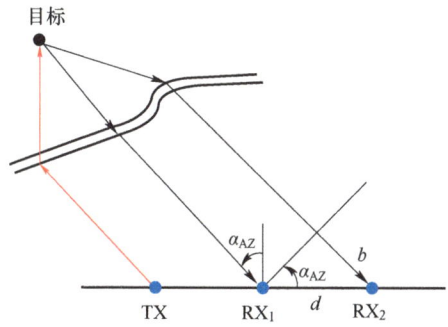

图 2-14　毫米波雷达测量目标方位角的原理

通过毫米波雷达接收天线 RX_1 和接收天线 RX_2 之间的几何距离 d，以及 2 根毫米波雷达天线所收到反射信号的相位差 b，进行三角函数计算即可得到被测目标的方位角 α_{AZ}。

$$\alpha_{AZ} = \arcsin\left(\frac{\lambda b}{2\pi d}\right) \tag{2-3}$$

四、毫米波雷达的应用

毫米波雷达在先进驾驶辅助系统（ADAS）中的应用非常广泛，如图 2-15 所示，其常见的功能应用包括：

1）自适应巡航控制（ACC）：毫米波雷达可以用于实现自适应巡航控制功能。它可以测量前方车辆的距离和相对速度，通过实时监测交通状况来调整车辆的速度，以保持安全的跟车距离。

2）前向碰撞预警（FCW）：毫米波雷达可以用于检测前方的障碍物，如其他车辆或行人，以及测量与其之间的距离和速度。当系统检测到潜在的碰撞风险时，它会提醒驾驶人采取行动，并预先准备紧急制动。

3）自动紧急制动（AEB）：毫米波雷达在自动紧急制动系统中起到关键作用。当系统检测到前方存在即将发生碰撞的危险时，它可以自动启动紧急制动功能，以减少碰撞的严重程度或完全避免碰撞。

4）盲点监测（BSD）：毫米波雷达可以用于监测车辆两侧的盲点区域。当有其他车辆进入盲点时，系统会发出警示，提醒驾驶人注意避免车辆变道时的潜在碰撞风险。

5）变道辅助（LCA）：毫米波雷达可以用于车辆变道辅助。当有车辆进入监测区域内时，系统会根据车辆的相对速度、距离和角度，判断是否存在碰撞风险，是否需要进行变道。

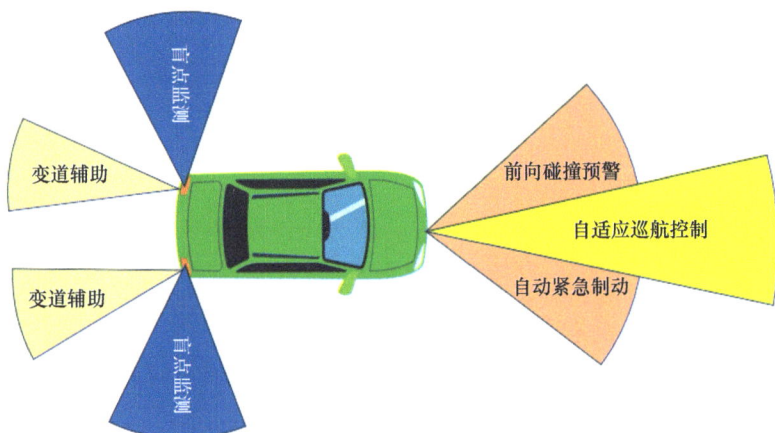

图 2-15　毫米波雷达在 ADAS 中的应用

毫米波雷达通过提供准确的感知和跟踪功能，可以帮助提升驾驶的安全性，减少事故风险，并提供更加舒适和智能的驾驶体验。

【知识拓展】 ·····················▶

从"国产化替代"到"国产化超越"

新时代背景下，我国创新驱动发展战略推动着国内各领域具有较高科技水平、创新精神和拥有全球化视野的企业向高质量发展。其中，以汽车"新四化"为主导趋势的产业变革，正在催生国内一大批优质的汽车行业新生力量，将汽车零部件的国产化替代浪潮推向了新高潮。

多年来，毫米波雷达的市场份额长期被海外企业所垄断。国内毫米波雷达起步于 2015 年，且仅在 24GHz 频段有量产方面的突破，对于 77GHz 高频段毫米波雷达的商业化应用只有极少数企业在做尝试。2021 年 12 月，工业和信息化部发布了《汽车雷达无线电管理暂行规定》（以下简称《规定》），规划 76~79GHz 频段用于汽车雷达。《规定》明确从 2022 年 3 月 1 日起，不再受理和审批 24.25~26.65GHz 频段汽车雷达的无线电发射设备型号核准申请，即不能再生产和进口使用该频段的汽车雷达，国内毫米波雷达企业才开始发力 77GHz 高频率段领域。高频率段的毫米波雷达作为感知技术领域中一项"卡脖子"难题，其技术门槛一直比较高。近年来得益于国家政策的出台，加速了产业发展，但是从技术研发到产品商业化落地之间，又存在着很多技术壁垒，需要企业在实战中不断摸索前进。

　　致力于研发、生产基于 77/79GHz 及高频率段毫米波雷达的先进驾驶辅助系统（ADAS）和自动驾驶系统的南京楚航科技有限公司（以下简称"楚航科技"）就是在汽车产业新浪潮中发展起来的一家科技企业，并成功入选国家"专精特新小巨人"企业。楚航科技公司的定位是"基于中国的全球化品牌"。在企业、产业发展方面，楚航科技首先是要在产品性能和质量方面做到"小步快跑"，再逐步赶上并超越国际品牌，从而完成从"国产化替代"到"国产化超越"的进阶，最终实现中国毫米波雷达产业走向全球。

　　课后调研：请通过阅读书籍或者互联网搜索，调研一种中国自主品牌的相关资料或一个为中国汽车工业发展做贡献的人物故事，并与同学分享。

【任务实施】 ●••►

仪器设备及工具准备

1）设备：毫米波雷达测试软件、自动驾驶汽车开发平台。

2）工具：拆装工具套件、万用表。

操作注意事项

1）毫米波雷达安装位置要水平、清洁、前方无遮挡。

2）毫米波雷达线束连接要正确、牢固。

3）毫米波雷达线束要收纳整齐。

任务实施内容

根据教师指导和所学知识，安装毫米波雷达，并记录。

毫米波雷达的认知与安装

学　　院		专　　业		班　　级	
姓　　名		学　　号		日　　期	
指导教师					
作业前准备记录					

步骤	操作方法及过程记录	操作示意图
认识毫米波雷达	了解毫米波雷达的组成，查阅毫米波雷达相关特性参数，识别毫米波雷达接线端子 毫米波雷达型号：_____ 毫米波雷达参数 频带：_____ 带宽：_____ 测距范围：_____ 最大视角：_____ 测距精度：_____ 方位精度：_____ 测速精度：_____ 工作电压：_____ 功率：_____	

（续）

步骤	操作方法及过程记录	操作示意图
认识毫米波雷达	毫米波雷达接线端子识别： 1 号端子 颜色：_____ 测试记录：_____ 定义：_____ 2 号端子 颜色：_____ 测试记录：_____ 定义：_____ 5 号端子 颜色：_____ 测试记录：_____ 定义：_____ 6 号端子 颜色：_____ 测试记录：_____ 定义：_____ 7 号端子 颜色：_____ 测试记录：_____ 定义：_____ 8 号端子 颜色：_____ 测试记录：_____ 定义：_____	
安装前向毫米波雷达	将前向毫米波雷达搭在所确定的安装支架上 是否完成：□是　□否	
	使用内六角扳手将螺钉预紧 是否完成：□是　□否	
	校正水平仪 是否完成：□是　□否	
	用水平仪测量前向毫米波雷达的俯仰角，并缓慢将螺钉拧紧，以确保俯仰角为 0°，误差为 ±0.3° 是否完成：□是　□否	
	连接好前向毫米波雷达插接器，并检查其牢固性 是否完成：□是　□否	

（续）

步骤	操作方法及过程记录	操作示意图
安装侧向毫米波雷达	将侧向毫米波雷达搭在所确定的安装支架上 是否完成：□是　□否	
	使用内六角扳手将螺钉预紧 是否完成：□是　□否	
	校准角度尺 是否完成：□是　□否	
	将角度尺调整为 40° 是否完成：□是　□否	
	使用角度尺确定侧向毫米波雷达横向水平角，确保横向水平角为 40°，误差为±3° 是否完成：□是　□否	
	校准水平仪 是否完成：□是　□否	
	用水平仪测量侧向毫米波雷达的俯仰角，并缓慢将螺钉拧紧，以确保俯仰角为 0°，误差为±0.3° 是否完成：□是　□否	

（续）

步骤	操作方法及过程记录	操作示意图
检查安装情况，6S管理	毫米波雷达安装前方位置是否无遮挡：□是　□否	
	毫米波雷达线束连接是否正确、牢固：□是　□否	
	毫米波雷达线束是否收纳整齐：□是　□否	

【评价反馈】 ▶ ··▶

序号	作业内容	配分	作业项目	扣分	得分	备注
1	认识毫米波雷达	20	□熟知毫米波雷达的结构、特性、功能 □理解毫米波雷达的工作原理 □查阅毫米波雷达的相关特性参数 □识别毫米波雷达的接线端子			如有未完成的项目，根据情况酌情扣分
2	安装、连接毫米波雷达	60	□确认毫米波雷达的安装位置 □正确安装毫米波雷达 □查阅数据手册，确定毫米波雷达的工作电压 □正确测量毫米波雷达的供电电压 □正确连接毫米波雷达的线束插头			
3	检查安装情况	10	□毫米波雷达安装合理 □毫米波雷达线束连接正确、牢固、收纳整齐			
4	6S管理	10	□6S管理：整理、整顿、清扫、清洁、素养、安全			
合计						

【课后测评】 ▶ ··▶

一、填空题

1. 毫米波雷达的工作原理是通过发射毫米波信号并接收其（　　　　　）来实现目标检测和测距。

2. 毫米波雷达在自动驾驶中扮演着重要的角色，通过检测和测量周围的障碍物，帮助避免碰撞和保持安全的（　　　　　）。

3. 毫米波雷达在ADAS中可以用于实现盲点监测，帮助驾驶人注意避免车辆变道时的潜在（　　　　　）。

4. 毫米波雷达可以帮助本车实现自适应巡航控制功能，通过测量前方车辆的相对距离和速度，来调整本车的（　　　　　）。

5. 毫米波雷达相比于激光雷达，在（　　　　　）更加适用。

二、选择题

1. （单选）毫米波雷达的工作频段通常在（　　　）。

A. 1～10Hz
B. 10～100kHz

C. 30～300GHz
D. 300MHz～3GHz

2. （单选）毫米波雷达主要利用（　　）频段进行目标检测和测量。

A. 厘米波段　　　　　B. 米波段　　　　　C. 毫米波段　　　　　D. 分米波段

3. （单选）毫米波雷达的工作原理与（　　）现象有关。

A. 光电效应
B. 多普勒效应

C. 不确定性原理
D. 红外辐射

4. （单选）毫米波雷达通过测量回波信号的频率差来计算目标物体的（　　）。

A. 距离　　　　　B. 速度　　　　　C. 形状　　　　　D. 材质

5. （单选）毫米波雷达最大的优势是（　　）。

A. 可以穿透金属
B. 高精度测距

C. 适用于长距离通信
D. 抗干扰性能强

6. （多选）毫米波雷达主要用于（　　）测量。

A. 近距离　　　　　B. 中距离　　　　　C. 远距离　　　　　D. 超远距离

7. （多选）毫米波雷达在自动驾驶中的功能应用包括（　　）。

A. ACC　　　　　B. FCW　　　　　C. BSD　　　　　D. LKA

8. （多选）毫米波雷达与激光雷达相比，具有（　　）特点。

A. 反应时间较长　　　B. 适应性较强　　　C. 成本较低　　　　D. 分辨率较高

9. （多选）毫米波雷达可以穿透（　　）。

A. 金属　　　　　B. 玻璃　　　　　C. 雨雪　　　　　D. 空气

10. （单选）毫米波雷达在自动驾驶技术中的主要作用是（　　）。

A. 环境感知　　　　B. 车辆控制　　　　C. 路径规划　　　　D. 语音识别

三、简答题

1. 汽车上常用的毫米波雷达有哪些类型？各自有什么特点？
2. 简述毫米波雷达的测距原理。
3. 毫米波雷达的常用功能有哪些？

任务 2.3　视觉传感器的认知与安装

【任务描述】

视觉传感器是指利用光学元件和成像装置获取外部环境图像信息的仪器。它包括哪些部分，又是如何工作的呢？下面我们通过学习理论知识和动手安装实践，来认识视觉传感器。

【知识准备】

一、视觉传感器认知

视觉传感器也称为摄像机或摄像头，其按照芯片类型主要分为电荷耦合器件（Charge Coupled Device，CCD）和互补金属氧化物半导体（CMOS）两大类。CCD 是一种用电荷量表示信号大小，用耦合方式传输信号的探测元件，具有自扫描、感受波谱范围宽、畸变小、体积小、质量小、系统噪声低、功耗小、使用寿命长、可靠性高等优点，可做成集成度非常高的组合件。CMOS 图像传感器是一种典型的固体成像传感器，通常由像敏单元阵列、行驱动器、列驱动器、时序控制逻辑单元、模-数转换器、数据总线输出插口、控制插口等组成，这几部分通常都被集成在同一块硅片上。

视觉传感器按照镜头和布置方式的不同又分为单目视觉传感器、双目视觉传感器和环视视觉传感器，如图 2-16 所示。

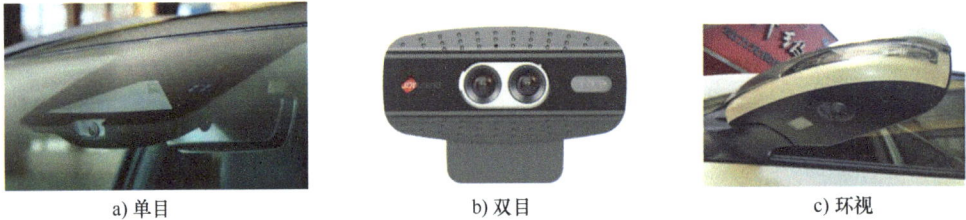

a) 单目　　　　　　　　b) 双目　　　　　　　　c) 环视

图 2-16　单目、双目、环视视觉传感器

单目视觉传感器只包含一个摄像头和一个镜头。单目视觉传感器算法成熟度很高，但其视野完全取决于镜头，局限严重。如果是焦距短的镜头，则视野广，但会缺失远处的信息；如果是焦距长的镜头，则视野窄。单目视觉传感器成本低，进行测距时精度较低，即越远的物体成像越小，产生的像素点越少，测距的精度越低。

双目视觉传感器虽然比单目视觉传感器提高了测距能力，但视野仍然完全依赖于镜头，并且双目测距原理对两个镜头的安装位置要求较高，视觉传感器标定较困难。实际使用中，可通过增加不同焦距的视觉传感器，增加视野与距离，提高测距精度。

环视视觉传感器采用鱼眼镜头。早期，鱼眼镜头主要用于辅助监测，其图像的畸变较大。某些高配车型上会有"360°全景显示"功能，所用到的就是环视视觉传感器。后期，随着传感器融合技术的发展，也可用于即时定位与地图构建（SLAM）。

现如今，视觉传感器技术比较成熟，使用成本低，采集信息十分丰富，可以获得最接近人眼获取的周围环境信息，可以拥有较广的垂直视场角、较高的纵向分辨率，还可以提供颜色和纹理信息等，其精度与分辨率有关，同被测物体的检测距离相关。被测物体距离越近，其绝对的位置精度越高；相反，被测物体距离越远，其绝对的位置精度越差。

二、视觉传感器的组成及工作原理

视觉传感器主要由镜头、图像传感器、模-数转换器、图像处理器以及图像存储器等部分组成，如图 2-17 所示。被摄物体经过镜头聚焦至 CCD，CCD 由多个 X-Y 纵横排列的像素点组成，每个像素都由一个光电二极管及相关电路组成，光电二极管将光线转变成电荷（电荷总量与光强成正

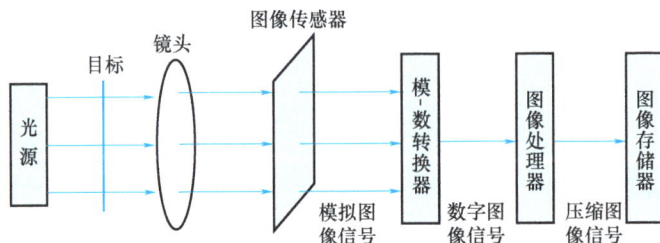

图 2-17　视觉传感器的组成

比），在电路控制下逐点移出，经滤波、放大、数字信号处理后形成视频信号，视频信号再通过输入/输出插口传输到计算机中进行处理，通过显示屏显示图像。视觉传感器的工作原理如图 2-18 所示。

车载视觉传感器除了采集图像数据，还可以估算目标物体与本车的相对距离和相对速度，即通过镜头采集图像，将图像转换为二维数据，然后对图像进行模式识别，再通过图像匹配算法识别行驶过程中的车辆、行人、交通标志等，最后依据目标物体的运动模式或使用双目定位技术，来估算相对距离和速度。

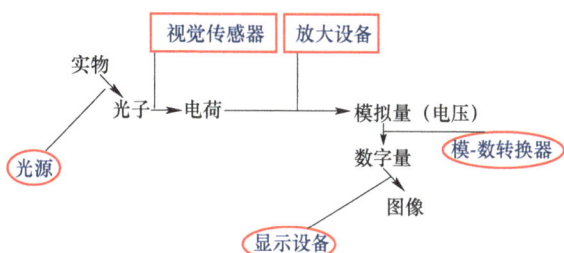

图 2-18　视觉传感器的工作原理

单目视觉传感器的测距方式主要有通过深度神经网络来预测深度和时间主体视觉或二维运动图像中的三维构建两种。

前一种需要巨大的场景样本数据，通过样本数据能识别最典型的参与者，包括人、车或其他障碍物，能对识别到的物体进行距离估计。后一种要结合车辆的运动信息，用时序上的相邻帧进行"类双目视觉"检测。

双目视觉传感器采用双目测距方法，利用左摄像头与右摄像头对于同一点观察的视差不同，通过三角形测距原理，根据已知参数，对传感器到该点的距离进行计算。双目测距原理如图 2-19 所示。与单目视觉传感器相比，其测距精度会明显提高。

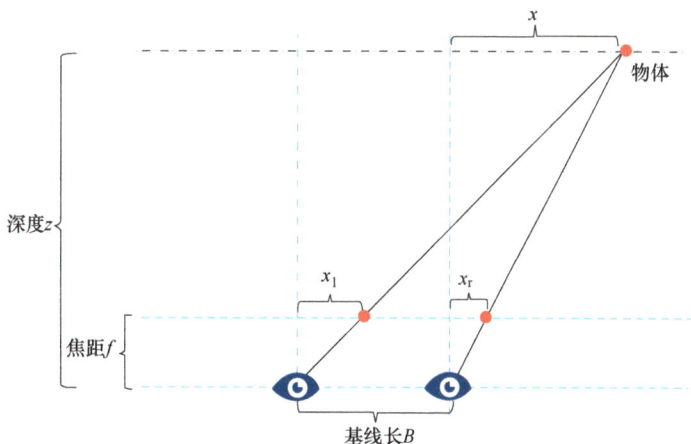

图 2-19　双目测距原理

三、视觉传感器的畸变

视觉传感器利用了摄像机成像原理，即小孔成像的理论基础。在实际使用中，视觉传感器并不能完全精确地按照理想的针孔摄像头模型进行透视投影，通常会存在透镜畸变，即物点在实际的摄像头成像平面上生成的像与理想成像之间存在一定光学畸变误差，其畸变误差主要是径向畸变误差和切向畸变误差。其中，径向畸变是沿着透镜半径方向分布的畸变，这是因为光线在远离透镜中心的地方比靠近中心的地方更弯曲而产生的。切向畸变是由于透镜本身与视觉传感器平面（成像平面）或图像平面不平行而产生的，多是由于透镜被粘贴到镜头模组上的安装偏差所导致。实际中，通常只考虑径向畸变。

在自动驾驶汽车上，影响视觉传感器工作的径向畸变一般有枕形畸变和桶形畸变两种，如图2-20所示。其中，枕形畸变是由摄像头引起的画面向中间"收缩"的现象。通常，在使用长焦镜头或变焦镜头的长焦端时，易发生枕形畸变。桶形畸变是由于摄像头中透镜物理性能以及镜片组结构引起的成像画面呈桶形膨胀状的失真现象。通常，在使用广角镜头或变焦镜头的广角端时，易发生桶形畸变。

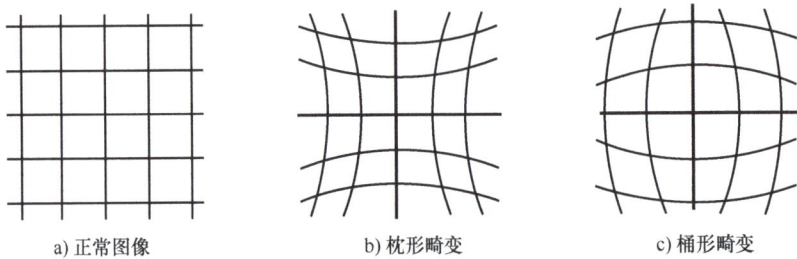

a) 正常图像　　　　b) 枕形畸变　　　　c) 桶形畸变

图 2-20　视觉传感器的径向畸变

四、视觉传感器的标定

传感器标定是指利用标准设备产生已知的非电量（标准量），或用基准量来确定传感器输出电量与输入非电量之间关系的过程。传感器的标定旨在将两个或者多个传感器变换到统一的时空坐标系，是自动驾驶感知系统的必要环节，是传感器感知决策的关键前提，也是后续传感器融合的必要步骤和先决条件。任何传感器在制造、安装之后，都需要标定，即通过一系列实验全面检测、确定其实际性能，保证传感器符合设计指标，保证测量值的准确性。

车载视觉传感器是以一定的角度和位置安装在车辆上的。为了将视觉传感器采集到的环境数据与车辆行驶环境中的真实物体相对应，即找到视觉传感器所生成的图像像素坐标系中的点坐标与视觉传感器环境坐标系中的物点坐标之间的转换关系，需要进行视觉传感器标定。

视觉传感器的标定主要是为了帮助摄像头最终成像时获得清晰图像，或确保物体大小、测量距离等数据的准确度，所做的软硬件校准以及相应算法调试的过程。根据视觉传感器自身产品因素和外部安装因素，视觉传感器的标定包括内参标定和外参标定。内参标定即自身内部标定，主要是对像素、焦距、图像原点、畸变等参数的标定。内参通常在传感器生产过程中标定。然而由于制作工艺等问题，即使是同一生产线生产的摄像头，内参也有着些许的差别，因此往往需要通过实验的方式来确定摄像头的内参。外参标定即通常所指的视觉传感器的标定，也就是指外部安装的标定。外参标定主要包括物距、角度等外部参数的标定，即在自身的位置坐标（传感器坐标系）与被观测物体的现实坐标（世界坐标系）之间建立相对位置关系。视觉传感器标定的坐标系转换如图2-21所示。

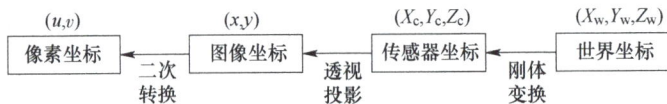

图 2-21　视觉传感器标定的坐标系转换

视觉传感器标定的研究起源于摄像测量学。最初的视觉传感器标定需要在一个很宽阔的地带来观察远处已经事先通过测量工具确定好位置的目标。该标定方式成本高，对标定人员的技术水平要求高，非常不方便。随着摄影测量学和计算机视觉的发展，出现了通过在不同位置拍摄棋盘标定板进行标定的张正友标定法，由于这种标定方法简单有效，因此成为目前应用最广泛的视觉传感器标定方法。

自动驾驶汽车在视觉传感器安装之后，需要标定在车辆坐标系下的视觉传感器位置，即在安装到汽车内后进行外部软硬件联动调试，以确保摄像头的成像效果和物体位置、测量距离的准确度。由于汽车行驶时的颠簸和振动，视觉传感器的位置会随着时间缓慢变化，因此自动驾驶汽车还需要定期对视觉传感器位置进行重新标定，即校准。不管是在图像测量还是机器视觉应用中，视觉传感器参数的标定都是非常关键的环节，其标定结果的精度和算法的稳定性都将直接影响视觉传感器工作结果的准确性。通过标定，视觉传感器可以准确地实时构建出车辆行驶道路前方的三维空间场景，可检测车辆前方的物体、环境等信息，通过高性能机器学习和边缘计算，实现障碍物类型检测与属性识别和车道线检测功能，可在发生碰撞前或偏离车道时，向驾驶人发出预警提醒，降低事故发生的概率。

五、视觉传感器的应用

视觉传感器可以采集汽车周边图像信息，可以拥有较广的垂直视场角、较高的纵向分辨率，还可以提供颜色和纹理信息等，与人类视觉最为接近。视觉传感器在汽车实现自动驾驶的功能上起着十分重要的作用，应用非常广泛。车载视觉传感器技术成熟，成本低，采集信息丰富，但其受光照、环境影响大，很难全天候工作，在黑夜、雨雪、大雾等能见度较低的情况下，识别率大幅度降低，并且还缺乏深度信息，三维立体空间感不强，故在自动驾驶汽车上通常需要多传感器融合使用。

车载摄像头是 ADAS 的主要视觉传感器，是实现众多预警、识别类 ADAS 功能的基础，通过感知车辆周边的路况，ADAS 能实现前向碰撞预警、车道偏离预警和行人碰撞预警等功能。根据不同的 ADAS 功能的要求，摄像头的安装位置也不尽相同。按安装位置的不同，可分为前视、后视、侧视、环视和内置 5 种。视觉传感器可实现的 ADAS 功能见表 2-2、如图 2-22 所示。

表 2-2　视觉传感器可实现的 ADAS 功能

ADAS 功能	摄像头位置	功能简介
车道偏离预警（LDW）	前视、侧视	当摄像头检测到车辆即将偏离车道线时，发出警告提示
前向碰撞预警（FCW）	前视	当摄像头检测到车辆与前车距离过近，可能发生追尾事故时，发出警告提示
交通标志识别（TSR）	前视、侧视	识别前方道路及道路两侧的交通标志
车道保持辅助（LKA）	前视	当摄像头检测到车辆即将偏离车道线，会向控制器发出信息，再由控制器发出控制命令，纠正行驶方向，使其保持在原有车道内
行人碰撞预警（PCW）	前视	摄像头会标记前方道路行人，可能发生碰撞时，发出警告提示
盲点监测（BSD）	侧视	利用摄像头，将后视镜盲区内的影像显示在驾驶室内
全景泊车（SVP）	前视、侧视、后视	利用车辆周围的摄像头获取的影像和图像拼接技术，输出车辆周边全景图
泊车辅助（PA）	后视	泊车时，将车尾的影像显示在驾驶室内，预计并标记倒车轨迹，辅助驾驶人泊车
驾驶人注意力监测	内置	安装在车内，监测驾驶人是否疲劳、闭眼等

a) 车道偏离预警　　　　　　b) 前向碰撞预警　　　　　　c) 交通标志识别

d) 车道保持辅助　　　　　　e) 行人碰撞预警　　　　　　f) 盲点检测

g) 全景泊车　　　　　　　　h) 泊车辅助　　　　　　　　i) 驾驶人注意力监测

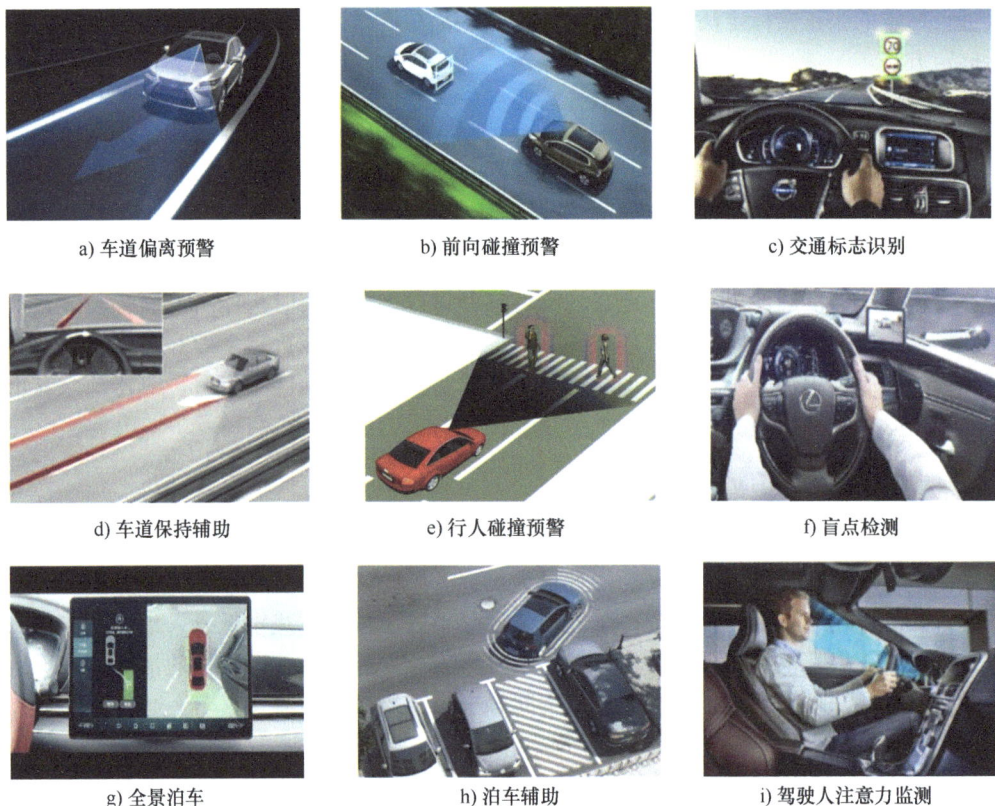

图 2-22　ADAS 功能

ADAS 中车道偏离预警（LDW）系统（图 2-23）的作用是当视觉传感器检测到车辆驶向车道线时，会发出警告声提示。车道偏离预警系统主要由抬头显示器（HUD）、摄像头、控制器以及传感器组成。当车道偏离预警系统开启时，安置在车身侧面或后视镜位置的摄像头会时刻采集汽车行驶所在车道的标识线，通过图像处理能获得汽车在当前车道中的位置参数。当检测到汽车偏离车道时，传感器会及时收集车辆数据和驾驶人的操作状态，由控制器发出警告信号，整个过程大约 0.5s 完成，为驾驶人提供足够的反应时间。如果驾驶人打开转向灯，正常进行变线行驶，那么车道偏离预警系统不会做出任何提示。

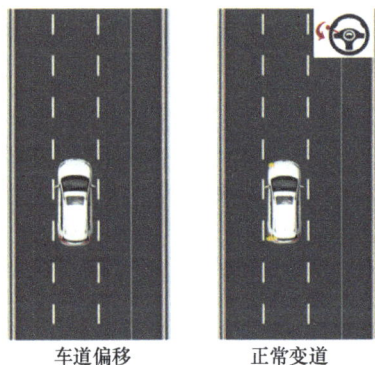

车道偏移　　　　　　正常变道

图 2-23　车道偏离预警（LDW）系统

【任务实施】

视觉传感器的认知与安装

仪器设备及工具准备
1）设备：视觉传感器开发套件、自动驾驶汽车开发平台。
2）工具：拆装工具套件、万用表。

操作注意事项
1）视觉传感器安装位置要水平、清洁、前方无遮挡。
2）视觉传感器线束连接要正确、牢固。

3）视觉传感器线束要收纳整齐。

任务实施内容

根据教师指导和所学知识，安装视觉传感器，并记录。

学　　院		专　　业		班　　级	
姓　　名		学　　号		日　　期	
指导教师					
作业前准备记录					

步骤	操作方法及过程记录	操作示意图
	了解视觉传感器的组成，查阅视觉传感器相关特性参数，识别视觉传感器接线端子	
认识视觉传感器	视觉传感器的型号：_____ 视觉传感器参数 镜头焦距：_____ 测距范围：_____ 测距误差：_____ 分辨率：_____ 俯仰角：_____ 视场角：_____ 工作电压：_____ 功率：_____	
	视觉传感器接线端子识别： 1 号端子 颜色：_____ 测试记录：_____ 定义：_____ 2 号端子 颜色：_____ 测试记录：_____ 定义：_____	

（续）

步骤	操作方法及过程记录	操作示意图
安装视觉传感器	确认视觉传感器安装位置 注意：确保两个摄像头在同一水平线 是否完成：□是　□否	
	将视觉传感器安装在自动驾驶汽车实验平台上 是否完成：□是　□否	
检查视觉传感器供电电压	根据视觉传感器数据手册，确认其工作电压为_____V	
	打开自动驾驶汽车实验平台电源，用万用表测量视觉传感器供电电压 万用表档位：_____　红色表笔接：_____ 黑色表笔接：_____　供电电压值：_____	
	供电电压是否满足视觉传感器电源要求：□是　□否	
	断开自动驾驶汽车实验平台电源 是否完成：□是　□否	

（续）

步骤	操作方法及过程记录	操作示意图
连接视觉传感器	合理铺设视觉传感器线束，正确连接视觉传感器线束插头 是否完成：□是　□否	
	正确连接网线，即将网线一端与视觉传感器连接，另一端连接至无线路由器 是否完成：□是　□否	
检查安装情况，6S 管理	视觉传感器安装前方位置是否无遮挡：□是　□否	
	视觉传感器是否安装在车辆宽度方向上，且水平居中：□是　□否	
	视觉传感器的两个摄像头是否处于同一水平线：□是　□否	
	视觉传感器线束连接是否正确、牢固：□是　□否	
	视觉传感器线束收纳是否整齐：□是　□否	

【评价反馈】 ┃•••▶

序号	作业内容	配分	作业项目	扣分	得分	备注
1	认识视觉传感器	20	□熟知视觉传感器的结构、特性、功能 □理解视觉传感器的工作原理 □查阅视觉传感器的相关特性参数 □识别视觉传感器的接线端子			如有未完成的项目，根据情况酌情扣分
2	安装、连接视觉传感器	60	□确认视觉传感器的安装位置 □正确安装视觉传感器 □查阅数据手册，确定视觉传感器的工作电压 □正确测量视觉传感器的供电电压 □正确连接视觉传感器线束插头 □正确连接网线			
3	检查安装情况	10	□视觉传感器安装合理 □视觉传感器线束连接正确、牢固、收纳整齐			
4	6S 管理	10	□6S 管理：整理、整顿、清扫、清洁、素养、安全			
合计						

【课后测评】

一、填空题

1. 视觉传感器能实现无人驾驶汽车的感知和（　　　　）两个功能。

2. 视觉传感器按照芯片类型可以分为（　　　　）和 CMOS 两种。

3. 环视视觉传感器采用鱼眼镜头的主要特点是（　　　　）。

4. 车道偏离预警系统简称（　　　　），其作用是当视觉传感器检测到车辆驶向车道线时，会发出警告声提示。

5. （　　　　），简称 TSR，可以识别常见的交通标志（限速、停车、掉头等标志）。

二、选择题

1. （单选）用于疲劳驾驶的视觉传感器安装在（　　　　）。

A. 车辆前部　　　　B. 车辆侧面　　　　C. 车辆内部　　　　D. 车辆后部

2. （单选）泊车辅助（PA）的作用是泊车时，将车尾的影像显示在驾驶室内，预计并标记倒车轨迹，辅助驾驶人泊车，其视觉传感器安装在（　　　　）。

A. 车辆前部　　　　B. 车辆侧面　　　　C. 车辆内部　　　　D. 车辆后部

3. （单选）摄像头的透镜由于制造精度以及组装工艺的偏差，会引起畸变，从而导致原始图像失真，镜头的畸变分为径向畸变和（　　　　）畸变两类。

A. 切向　　　　B. 枕形　　　　C. 桶形　　　　D. 图像

4. （单选）内参标定主要是像素、焦距、图像原点、畸变等参数的标定，内参通常在传感器（　　　　）标定。

A. 使用过程中　　　　　　　　　　B. 使用完毕之后

C. 生产过程中　　　　　　　　　　D. 生产之后

5. （单选）使用长焦镜头或使用变焦镜头的长焦端时，易发生（　　　　）失真。

A. 枕形　　　　B. 桶形　　　　C. 数字　　　　D. 图像

6. （单选）外参标定主要包括（　　　　）、角度等外部参数的标定。

A. 像素　　　　B. 焦距　　　　C. 物距　　　　D. 畸变

7. （多选）无人驾驶汽车的感知功能主要有（　　　　）。

A. 障碍物识别　　　　　　　　　　B. 交通标志识别

C. 可通行空间识别　　　　　　　　D. 交通信号灯识别

8. （多选）视觉传感器主要由（　　　　）等部分组成。

A. 镜头　　　　　　　　　　　　　B. 图像传感器

C. 模-数转换器　　　　　　　　　　D. 图像处理器以及图像存储器

9. （多选）关于视觉传感器描述正确的是（　　　　）。

A. 视觉传感器是指利用光学元件和成像装置获取外部环境图像信息的仪器

B. 视觉传感器的精度与分辨率有关

C. 被测物体距离越远，其绝对的位置精度越好

D. 精度还同被测物体的检测距离相关

10. （多选）车载视觉传感器按摄像头数量可以分成（　　　　）。

A. 单目摄像头　　　　　　　　　　B. 双目摄像头

C. 红外摄像头　　　　　　　　　　D. 多目摄像头

11. （多选）单目视觉传感器的特点是（　　　　）。

A. 算法成熟　　　　　　　　　　　B. 成本低

C. 受环境变化影响较大　　　　　　　D. 物体越远测距精度越低

12.（多选）视觉传感器相比于其他环境传感器具有的优点是（　　）。

A. 视觉图像的信息量极为丰富

B. 在视野范围内可同时实现道路检测、车辆检测、行人检测、交通标志检测、交通信号灯检测等

C. 使用场景少

D. 能获取场地的实时图像

13.（多选）汽车 ADAS 摄像头的作用有（　　）。

A. 车道偏离预警　　　　　　　　　　B. 前向碰撞预警

C. 行人碰撞预警　　　　　　　　　　D. 自适应巡航控制

14.（多选）视觉传感器能应用于（　　）。

A. 交通标志识别　　　　　　　　　　B. 驾驶人注意力监测

C. 汽车灯光控制　　　　　　　　　　D. 车道保持辅助

15.（多选）无论是在图像测量或者机器视觉应用中，视觉传感器参数的标定都是非常关键的环节，其（　　）直接影响视觉传感器工作结果的准确性。

A. 标定结果的精度　　　　　　　　　B. 标定时间

C. 算法的稳定性　　　　　　　　　　D. 环境的复杂程度

三、简答题

1. 汽车上常用的视觉传感器有哪些类型？各自有什么特点？

2. 简述视觉传感器的成像原理。

3. 视觉传感器为什么要进行标定？其标定包括哪些参数的标定？

任务 2.4　激光雷达的认知与安装

【任务描述】

　　随着自动驾驶汽车的发展，百度、Uber 等公司的自动驾驶汽车都使用了激光雷达。激光雷达有什么特点，又是如何工作的呢？下面我们通过学习理论知识和动手安装实践，来认识激光雷达。

【知识准备】

一、激光雷达认知

　　激光是 20 世纪以来人类的一项重大发明，被誉为"最快的刀""最准的尺""最亮的光"。激光产生的主要过程是原子中的电子吸收能量后从低能级跃迁到高能级，再从高能级回落到低能级时，所释放的能量以光子的形式放出。因其为由原子受激辐射的光，故名为"激光"。被引诱（激发）出来的光子束（激光）中的光子光学特性高度一致，因此激光相比普通光源单色性、方向性更好，亮度更高。

　　激光的原理于 1916 年被著名物理学家爱因斯坦发现。传统的雷达（Radio Detection And Ranging，

RADAR）大约出现于 1935 年，是以微波和毫米波作为载波的雷达。激光雷达（Light Detection and Ranging，LiDAR）是激光技术与雷达技术相结合的产物，它是以激光为载波，用来探测目标的距离、位置、速度等特征量的雷达系统。图 2-24 所示为单线束激光雷达和多线束激光雷达的结构。

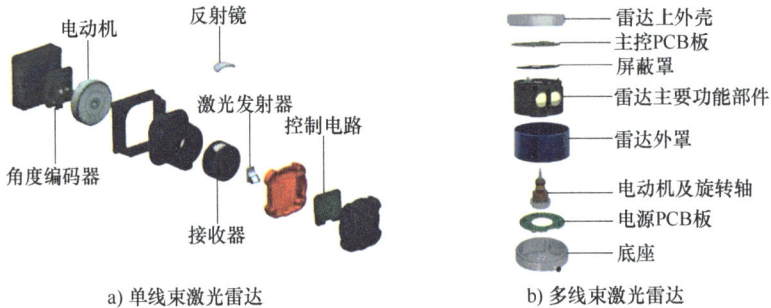

a) 单线束激光雷达　　　　　　b) 多线束激光雷达

图 2-24　单线束激光雷达和多线束激光雷达的结构

激光雷达通过发射激光工作，其发射的激光线束发散角度小，能量集中，探测距离可达几百米，能检测周围 360°范围的物体，能生成多维目标图像，不受无线电波干扰，可直接获取探测目标的距离、角度、反射强度、速度等数据。由于激光具有单色性、高亮度、高方向性、偏振性以及相干性，故激光雷达非常适合远距离、高精度的测距要求，在黑夜等各种照明条件下也可以正常工作。但是激光雷达容易受到大气条件及工作环境的烟尘影响，在雨、雾等极端天气下性能较差，要实现全天候工作非常困难。

二、激光雷达的分类

随着科技的不断发展，激光雷达的需求不断增大，其种类也越来越多。按照不同的分类标准，激光雷达的类型也不相同，如图 2-25 所示。

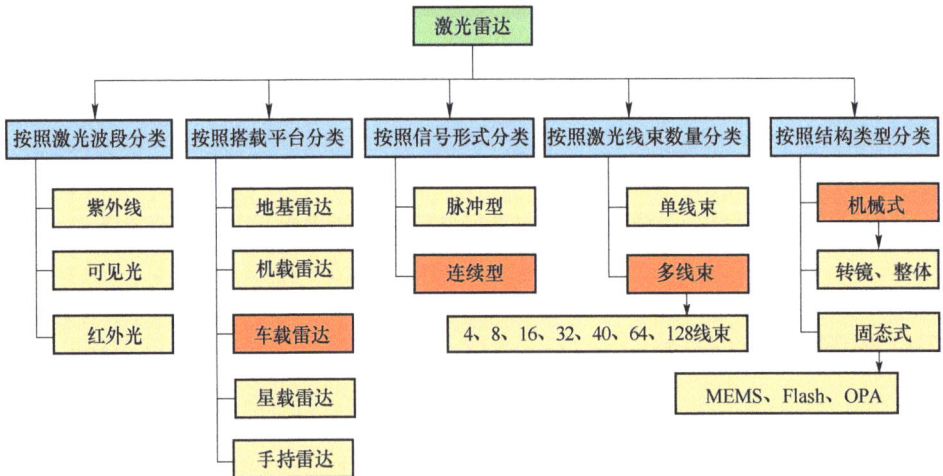

图 2-25　激光雷达的类型

1）按照激光波段分类，激光雷达可分为紫外线激光雷达、可见光激光雷达和红外光激光雷达。

2）按照搭载平台分类，激光雷达可分为地基雷达、机载雷达、车载雷达、星载雷达和手持雷达。

3）按照信号形式分类，激光雷达可分为脉冲型激光雷达和连续型激光雷达。

4）按照激光线束数量分类，激光雷达可分为单线束激光雷达和多线束激光雷达。单线束激光雷达扫描一次只能产生一条扫描线，可以获取事物的二维信息，生成的只是平面信息，无法获得事物的高度信息，如图 2-26 所示。多线束激光雷达扫描一次能产生多条扫描线，可以获取事物的三维数据。目前应用到自动驾驶中的激光雷达产品主要有 4 线束、16 线束、32 线束、40 线束、64 线束以及 128 线束激光雷达。激光雷达线束越多，可以同时追踪的目标个数也越多，垂直角分辨率越高，价格也越贵。图 2-27 所示为禾赛 Pandar64 激光雷达线束分布图。

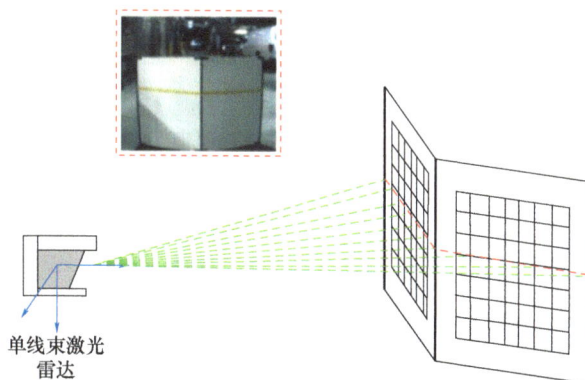

图 2-26　单线束激光雷达获取的平面信息

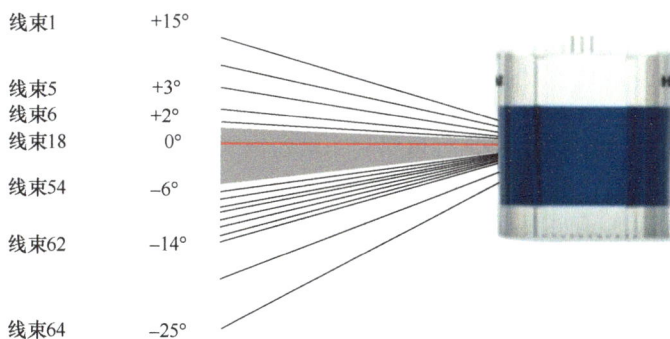

图 2-27　禾赛 Pandar64 激光雷达线束分布图

5）按照结构类型分类，激光雷达可分为机械式激光雷达和固态式激光雷达。机械式激光雷达是激光雷达迄今为止最为成熟、应用最广的形态。机械式激光雷达是指其发射系统和接收系统存在宏观意义上的转动，即通过不断旋转发射头，将速度更快、发射更准的激光从"线"变为"面"，并在竖直方向上排布多束激光，如 32 线束、64 线束激光雷达，将激光"线"形成多个"面"，达到动态三维扫描并接收信息的目的。图 2-28 所示为机械式激光雷达原理示意。

三、激光雷达的安装位置

车载激光雷达一般安装在车辆四周、车辆顶部和车辆前部，如图 2-29 所示。装在车辆四周、车辆前部的激光雷达，激光线束一般小于 8 束，常用的有单线束激光雷达和 4 线束激光雷达。安装在车辆顶部的激光雷达，激光线束数一般不小于 16 束，常用的有 16 线束、32 线束、64 线束激光雷达。少线束的激光雷达主要用于智能网联汽车的先进驾驶辅助系统，多线束的激光雷达主要用

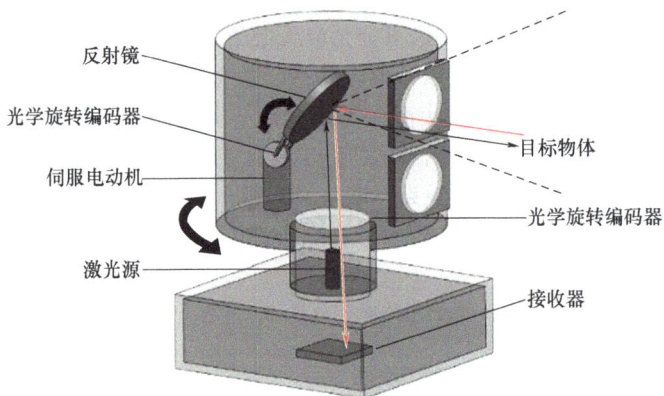

图 2-28　机械式激光雷达原理示意

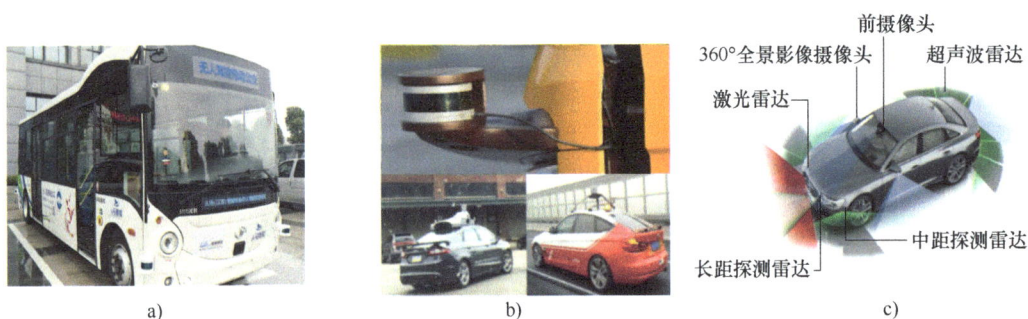

a)　　　　　　　　　　　b)　　　　　　　　　　　c)

图 2-29　车载激光雷达的安装位置

于制作无人驾驶汽车的高精地图，并进行道路和车辆的识别等。车载激光雷达不管安装在什么位置，均需要考虑以下方面：

1）根据激光雷达抗振动和抗冲击能力，确定是否需要减振支架。若不需要减振支架，可使用安装吊耳或用激光雷达上其他螺钉固定。

2）用于避障的激光雷达要求水平朝上倾斜 5°左右，以便解决高反射物体的探测问题。

3）用于测量的激光雷达要求安装平面尽可能与地面平行，以提高普通定位精度。若激光雷达安装平面与地面有倾斜角度，激光雷达在不同位置探测出来的轮廓就会产生较大误差，影响定位精度。

4）激光雷达的安装位置一般低于 200mm，最佳安装高度约为 170mm。该最佳位置既可安全避障，又便于测量。可根据实际车身结构选择激光雷达正向安装或倒置安装。

5）激光雷达布置时，可布置在车头中间位置或者车的 4 个对角点上。若布置 2 个激光雷达在车的对角点上，便可实现车身 360°全覆盖，即均被激光雷达探测到，达到避障无死角。

6）不同的车体激光雷达安装的 X、Y 方向和旋转姿态会有误差，最终导致理论相同的定位点，车体有不同的位置和姿态。此时，系统需设置这 3 个误差的补偿值，保证其一致性。

四、激光雷达的工作原理

激光雷达是一种激光测距系统，与传统雷达使用不可见的无线电波不同，其探测介质是激光射线，使用的波长集中在 600~1000nm 之间，远低于传统雷达使用的波长。因激光雷达具有波长越短，探测精度越高的特点，故可用于测量物体距离和表面形状等，测量精度可达厘米级。

激光雷达在工作过程中，其激光发射器会向空间发射一串周期一定的高频脉冲，即激光束。如果传播途径上有目标存在，激光接收器就接收到由目标反射回来的信号，即目标回波信号。由于回波信号往返于激光雷达与目标之间，它将滞后于发射脉冲一个时间，即飞行时间，利用稳定的石英时钟对飞行时间做计数，由微机做相应的处理后，就可获取目标表面三维坐标数据。激光雷达通过激光束不断地扫描目标物，就能得到目标物上全部目标点的数据，使用这些数据进行图像处理后，便可得到精确的三维立体图像，获得目标的有关信息，如目标的距离、方位、高度、速度、姿态及形状等，从而对障碍物、移动物体等目标进行探测、跟踪和识别。图 2-30 所示为激光雷达的工作示意图。

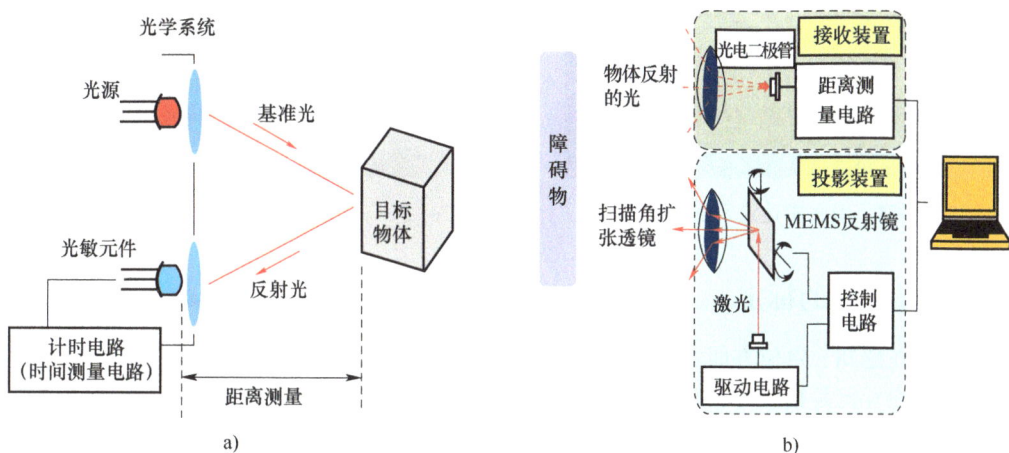

图 2-30　激光雷达的工作示意图

激光雷达的数据是利用点和线段特征来描述环境的。它可以提取出当前时刻的点或线段特征，与已知地图进行匹配，得到车辆的位置和姿态估计。这种方法需要建立环境地图，并在已知地图的基础上进行定位，解决对环境地图的描述问题、地图自动生成问题、环境地图的匹配问题以及定位的精度问题。在自动驾驶系统中，实现障碍物的检测常用的传感器有双目视觉传感器和激光雷达等。相比于双目视觉传感器，激光雷达的深度信息更准确，检测范围更广。

五、同步定位与地图构建

同步定位与地图构建（Simultaneous Localization And Mapping，SLAM）是指机器人对自身在地图中位置不确定的条件下，在完全未知的环境中创建地图，同时利用构建的地图进行自主定位。

通常，SLAM 系统包含多种传感器和多种功能模块。SLAM 技术根据使用的传感器不同，可以分为激光雷达 SLAM、视觉 SLAM 和融合类 SLAM。其中，激光雷达 SLAM 根据使用的激光雷达不同分为二维激光雷达 SLAM 和三维激光雷达 SLAM；视觉 SLAM 根据摄像头的类型和数目的不同分为单目视觉 SLAM、双目视觉 SLAM 和 RGB-D（Red Green Blue Depth）SLAM；融合类 SLAM 主要包括由视觉传感器、激光雷达、惯性导航单元等不同组合构成的 SLAM 系统。

激光雷达将采集到的物体信息呈现出一系列分散的、具有准确角度和距离信息的点，这些点被称为点云。如果将激光束按照某种轨迹进行扫描，边扫描边记录反射的激光点信息，则能够得到大量的激光点，形成激光点云。图 2-31 所示为激光雷达通过扫描目标环境得到的激光点云图。高频激光可在 1s 内获取 $10^6 \sim 10^7$ 数量级的位置点云信息，根据这些信息可进行三维建模，运用相关算法对比上一帧及下一帧环境的变化，激光雷达便能较为容易地检测出周围的车辆及行人，同时将通过实时得到的全局地图与高精地图中的特征物进行比对，计算激光雷达相对运动的距离和姿态的改变，便可完成智能网联汽车的精准定位和路径跟踪，实现自主导航，如图 2-32 所示。通过激光雷达不仅可以获取目标图像、位置信息，而且还可以通过激光信号的反射率初步区分不同材质。因此，自动驾驶汽车中障碍物检测与分割、高精地图制图与定位均可由激光雷达完成。

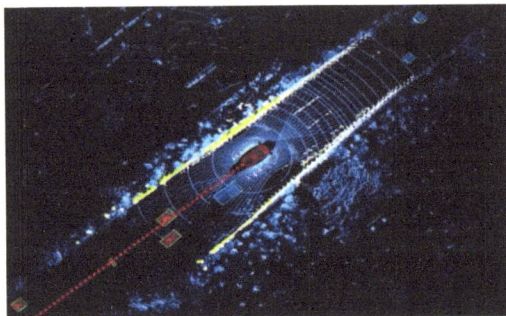

图 2-31　激光雷达点云图

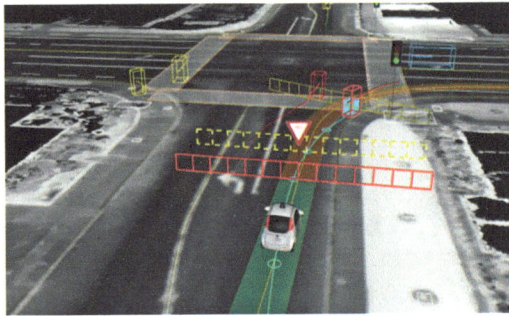

图 2-32　精准定位和路径跟踪

六、激光雷达的标定

激光雷达在感知、定位方面发挥着重要的作用，其标定包括内参标定和外参标定，均需在使用之前完成。内参标定是指激光雷达内部的激光发射器坐标系与激光雷达自身坐标系的转换关系。内参标定在出厂之前已经完成，可直接使用。激光雷达的标定需要进行的是外参标定，其目的是确定激光雷达测量坐标系相对于其他测量坐标系的相对变换关系。在自动驾驶系统中，激光雷达的标定即需要确定自身坐标系与车体坐标系的关系，以获取障碍物相对本车的距离、速度、角度等信息。虽然激光雷达与车体之间的外参可以通过测量得到，但为了获得更精确的外参信息，工程师会在自动驾驶汽车出厂后对二者进行标定。

以单线激光雷达为例，选定车体坐标 X 轴为激光雷达扫描角度为零时车体的指向，Z 轴指向车体上方，按照右手坐标系，确定坐标系 Y 轴方向。激光雷达所有的扫描点在同一个几何平面 S 上，将扫描点 P 投影到坐标面和坐标轴，得到的单线束激光雷达模型如图 2-33 所示。

扫描点 P 在车体坐标系中的坐标为

$$\begin{bmatrix} x \\ y \\ z \end{bmatrix} = \begin{bmatrix} \rho\cos\theta\cos\alpha_0 \\ \rho\sin\theta \\ h_0 - \rho\cos\theta\sin\alpha_0 \end{bmatrix}$$

式中，ρ 为扫描点到激光雷达的距离；θ 为扫描角度；α_0 为安装俯角；h_0 为安装高度。

在自动驾驶汽车中，有时还会存在多个激光雷达的情况。每一个激光雷达获取的外部环境都必须准确地映射到车体坐标系下。因此，当存在多个激光雷达时，依旧需要对多个激光雷达的相对位置进行标定和校准。

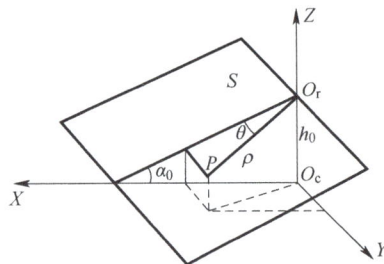

图 2-33　单线束激光雷达模型

七、激光雷达的应用

激光雷达最早应用于航天领域。随着技术进步，激光雷达已经广泛应用到诸多领域，如交通、测绘、安防等。在交通领域，激光雷达已在障碍物识别、障碍物轨迹预测、高精地图和定位、可通行空间检测等场景中广泛应用，如图 2-34 所示。

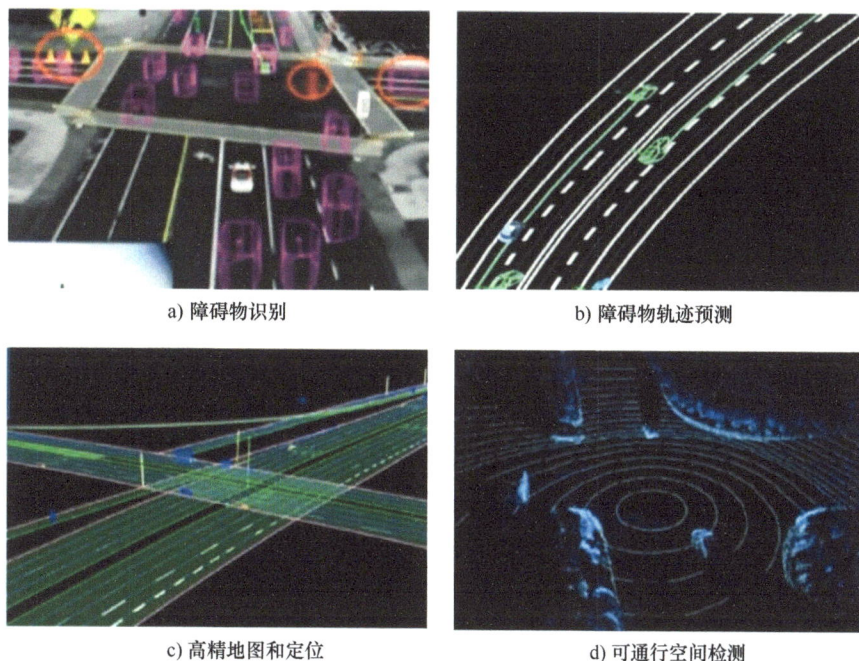

a) 障碍物识别

b) 障碍物轨迹预测

c) 高精地图和定位

d) 可通行空间检测

图 2-34　激光雷达的应用

在智能交通领域，激光雷达在重要交通路口的信号控制系统中，可通过地面三维激光扫描仪对一定距离的道路进行连续扫描，获得道路上实时、动态的车流量点云数据，得到高精度的车流数字高程模型数据，获取道路车辆到达信息。利用激光雷达，可弥补视频检测和监控的不足，使智能交通信号控制系统能实时获取交通模型和车流信息反馈，检测车辆排队长度，预测短暂未来交通流趋势，从而及时调整交通信号灯周期、绿信比和相位差以适应不同的交通流，减少拥堵，降低延误，提高道路通行能力。

激光雷达还广泛应用于机器人领域。自主定位导航是机器人实现自主行走的必备技术。传统的定位导航方法由于智能化水平较低，没有解决机器人定位导航的问题，直至激光雷达的出现。机器人采用的定位导航技术是以激光雷达 SLAM 为基础，增加视觉和惯性导航等多传感器融合的方案，帮助机器人完成自主建图、路径规划、自主避障等任务。图 2-35 和图 2-36 所示为扫地机器人和智能导航机器人，它们是目前单线束激光雷达应用最广泛的领域。

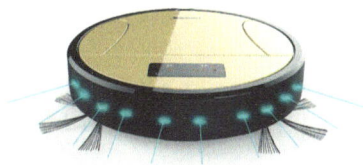

图 2-35　扫地机器人

图 2-36　智能导航机器人

【任务实施】

仪器设备及工具准备

1）设备：激光雷达开发套件、自动驾驶汽车开发平台。

2）工具：拆装工具套件、万用表、计算机。

操作注意事项

1）激光雷达安装时，安装人员必须佩戴手套。

2）激光雷达线束连接要正确、牢固。

3）激光雷达线束要合理布局，铺设整齐。

任务实施内容

根据教师指导和所学知识，安装激光雷达，并记录。

学　院		专　业		班　级	
姓　名		学　号		日　期	
指导教师					
作业前准备记录					

步骤	操作方法及过程记录	操作示意图
	认识激光雷达的组成部分，了解激光雷达各组成部分的功能	
认识激光雷达	激光雷达的组成部分 激光雷达本体功能：_____ 激光雷达适配器功能：_____	 
安装激光雷达本体	激光雷达安装支架准备，确认安装位置 是否完成：□是　□否	
	将激光雷达安装在确定位置 是否完成：□是　□否	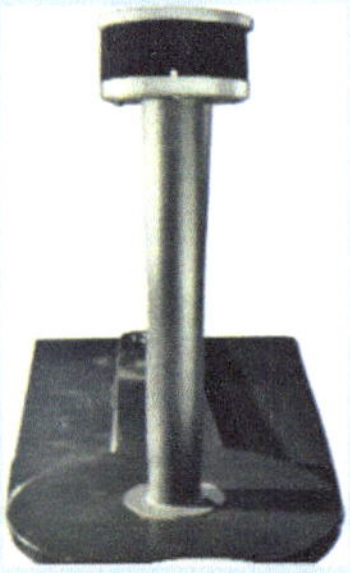

（续）

步骤	操作方法及过程记录	操作示意图
安装激光雷达适配器	认识激光雷达适配器，并正确安装 插口 1：_____　作用：_____ 插口 2：_____　作用：_____ 插口 3：_____　作用：_____ 插口 4：_____　作用：_____	
检查电源	根据激光雷达数据手册，确认其工作电压为_____ V 打开自动驾驶汽车实验平台电源，用万用表测量激光雷达供电电压 万用表档位：_____　　红色表笔接：_____ 黑色表笔接：_____　　供电电压值：_____ 供电电压是否满足激光雷达电源要求：□是　□否 是否断开自动驾驶汽车实验平台电源：□是　□否	
连接激光雷达相关线束	将激光雷达本体线束与适配器连接 是否完成：□是　□否	
	将适配器网线与计算平台连接 是否完成：□是　□否	
	将车载电源与适配器连接、与计算平台连接 是否完成：□是　□否	
检查安装情况，6S 管理	激光雷达安装时，安装人员是否佩戴手套，仔细操作：□是　□否 激光雷达线束连接是否正确、牢固：□是　□否 激光雷达线束是否合理布局，铺设整齐：□是　□否	

【评价反馈】

序号	作业内容	配分	作业项目	扣分	得分	备注
1	认识激光雷达	20	□熟知激光雷达的结构、特性、功能 □理解激光雷达的工作原理 □查阅激光雷达的相关特性参数 □了解激光雷达各部分的功能			
2	安装、连接激光雷达	60	□确认激光雷达的安装位置、正确安装激光雷达 □查阅数据手册，确定激光雷达的工作电压，准确测量供电电压 □正确连接激光雷达本体与适配器线束 □正确连接适配器与计算平台网线 □正确连接车载电源与适配器线束 □正确连接车载电源与计算平台线束			如有未完成的项目，根据情况酌情扣分
3	检查安装情况	10	□激光雷达安装合理 □激光雷达相关线束连接正确、牢固、收纳整齐			
4	6S 管理	10	□6S 管理：整理、整顿、清扫、清洁、素养、安全			
			合计			

【课后测评】

一、填空题

1. 激光雷达根据发射和接收电磁波的（　　　　）测量与前车的距离。
2. 激光雷达的标定包括（　　　　）和（　　　　）。
3. 激光具有（　　　　）、（　　　　）、高方向性、偏振性以及相干性等特点。
4. 激光雷达可以检测目标的（　　　　）、角度、反射强度、速度等数据。

二、选择题

1. （单选）激光雷达主要由激光发射器、激光接收器、（　　）、信号处理器等组成。

A. 光学扫描器　　　B. 基座　　　　　C. 旋转电机　　　　D. 镜片

2. （单选）激光雷达的特点是发散角度小、能量集中、灵敏度高、分辨率高，探测（　　）。

A. 范围窄　　　　　B. 范围小　　　　C. 范围广　　　　　D. 范围不确定

3. （单选）车载激光雷达一般很少安装在汽车的（　　）。

A. 车辆顶部　　　　B. 车辆前部　　　C. 驾驶室内部　　　D. 车辆四周

4. （单选）在车上拆装过激光雷达，则（　　）。

A. 需要标定激光雷达　　　　　　　　B. 不需要标定激光雷达

C. 安装到原位置就可以　　　　　　　D. 都不对

5. （单选）RS-LiDAR-16 为混合固态激光雷达，它通过（　　）个激光发射组件，快速旋转的同时发射高频率激光束。

A. 8　　　　　　　B. 16　　　　　　　C. 32　　　　　　　D. 64

6.（单选）为了建立各个激光雷达之间的相对坐标关系，需要对激光雷达进行简单的标定，并使激光雷达数据从激光雷达坐标系统一转换至（　　）上。

A. 车体坐标系　　B. 像素坐标系　　C. 世界坐标系　　D. 图像坐标系

7.（多选）激光雷达按照搭载平台不同，可以分为手持式雷达和（　　）。

A. 地基雷达　　B. 机载雷达　　C. 星载雷达　　D. 车载雷达

8.（多选）激光雷达可以完成（　　）等功能。

A. 测距　　B. 测速　　C. 测角　　D. 跟踪

9.（多选）激光雷达具有（　　）等特点。

A. 探测范围广　　B. 分辨率高　　C. 信息量丰富　　D. 抗干扰能力强

10.（多选）下列关于激光雷达说法正确的是（　　）。

A. 激光是原子受激辐射的光，因而得名

B. 大多数激光雷达的探测距离可达 100m 以上

C. 激光雷达线束越多，垂直角分辨率越高，价格也越贵

D. 激光雷达可以全天候工作，在雨、雾等极端天气下也可以很好地工作

11.（多选）激光雷达可以在应用在（　　）。

A. 自适应巡航控制系统　　B. 自动紧急制动系统

C. 行人检测系统　　D. 高精地图

12.（多选）自动驾驶汽车中使用激光雷达，主要进行（　　）。

A. 障碍物检测与分割　　B. 高精地图制图

C. 定位　　D. 测速

三、简答题

1. 目前，国内外汽车上常用的激光雷达有哪些品牌？

2. 简述激光雷达的优缺点。

任务2.5　定位导航传感器的认知与安装

【任务描述】

作为自动驾驶汽车的关键技术之一，定位技术是通过各种定位手段与多种传感器数据融合，实现汽车的精确定位，让自动驾驶汽车获得自身确切位置，解决"我在哪儿"的问题。自动驾驶汽车定位过程中，使用了哪些传感器？它们又是如何工作的呢？下面我们通过学习理论知识和动手安装实践，来认识定位与惯性导航传感器。

【知识准备】

一、汽车定位技术认知

汽车定位，顾名思义就是确定汽车所在的位置，包括基于地图匹配的宏观定位和基于环境感知的微观定位，如图 2-37 所示。汽车定位系统主要能进行路线的规划与导航、信息查询、话务指

挥、紧急救援及自动驾驶等。在自动驾驶中，宏观定位用于规划路线，微观定位用于确定车辆的具体位置。

a）宏观定位   b）微观定位

图 2-37   宏观定位和微观定位

当前可用于汽车定位的技术及方案越来越多，由不同类型传感器组成的定位系统也变得多样化。按技术原理分类，现有的汽车定位技术可分为三类：第一类是基于信号的定位，其采用飞行时间测距法（Time Of Flight，TOF）获取汽车与卫星间的距离，再通过三球定位原理得到汽车的空间绝对位置，典型代表是全球导航卫星系统（Global Navigation Satellite System，GNSS）。北斗卫星导航系统（Beidou Navigation Statellite System，BDS）即为 GNSS 中的一种。第二类是航迹递推（Dead Reckoning，DR），它依靠加速度计、陀螺仪、里程计等，根据上一时刻汽车的位置和航向递推出当前时刻汽车的位置和航向。第三类是地图匹配（Map Matching，MM），即用激光雷达或摄像头采集到的数据特征和高精地图数据库中存储的特征进行匹配，得到实时的汽车位置、姿态。

在实际的自动驾驶定位系统中，通常使用多种技术融合定位的方案。自动驾驶汽车的定位与导航技术是混合导航，即综合 GNSS 定位、惯性定位和高精地图等几大技术，在任何时间和区域精确定位汽车坐标，规划最优路径。在自动驾驶技术中，全球导航卫星系统、惯性导航系统和高精地图是相互配合、相辅相成的。其中全球导航卫星系统依赖卫星信号可以提供全局的定位信息，惯性导航系统不依赖外界就可提供相对的局部信息。将全球导航卫星系统和惯性导航系统的联合信息与本地的高精地图进行比对，即可得到当前车辆在该高精地图中的绝对位置，从而为后续的感知、决策和执行模块提供数据基础。

二、全球导航卫星系统

GNSS 是基于卫星定位的导航系统，是能够在地球表面或近地空间的任何地点为用户提供全天候的三维坐标和速度以及时间信息的空基无线电导航定位系统。四大全球导航卫星系统包括中国的北斗卫星导航系统（BDS）、美国的全球定位系统（GPS）、俄罗斯的格洛纳斯卫星导航系统（GLONASS）和欧盟的伽利略系统（GALILEO），如图 2-38 所示。

a) BDS   b) GPS   c) GLONASS   d) GALILEO

图 2-38   全球四大导航定位系统

1. 北斗卫星导航系统（BDS）

BDS 是中国正在实施的自主研发、独立运行的全球导航卫星系统，其由 50 多颗卫星组成，已经具备向行业和大众用户提供实时米级、分米级、厘米级或者事后毫米级的高精度定位服务能力。BDS 能在任何时间、任何地点为用户确定其所在的地理经纬度和海拔。BDS 在定位性能上有所创新，不仅能使用户知道自己所在位置，还可以告诉别人自己的位置，特别适用于需要导航与移动数据通信的场所。

BDS 分为 3 个部分，即空间部分、地面监控部分和用户部分，如图 2-39 所示。

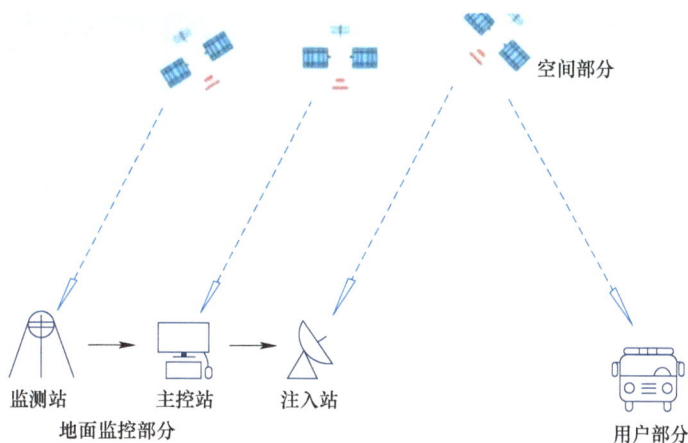

图 2-39　北斗卫星导航系统组成

空间部分由若干地球静止轨道卫星、倾斜地球同步轨道卫星和中圆地球轨道卫星组成。2020 年 6 月，北斗卫星导航系统第 55 颗组网卫星发射成功，同年 7 月，北斗三号全球卫星导航系统正式开通，为全球用户提供全天候、全天时、高精度定位、导航和授时服务。

地面监控部分包括主控站、注入站和监测站等若干地面站，以及星间链路运行管理设施。主控站用于系统运行管理与控制等。主控站从监测站接收数据并进行处理，生成卫星导航电文和差分完好性信息，然后交由注入站执行信息的发送。注入站用于向卫星发送信号，对卫星进行控制管理，在接受主控站的调度后，向卫星发送卫星导航电文和差分完好性信息。监测站用于接收卫星的信号，并将信号发送给主控站，可实现对卫星的监测，以确定卫星轨道，并为时间同步提供观测资料。

用户部分即用户的终端，既可以是专用于 BDS 的信号接收机，也可以是同时兼容其他全球导航卫星系统的接收机。接收机需要捕获并跟踪卫星的信号，根据数据按一定的方式进行定位计算，最终得到用户的经纬度、高度、速度、时间等信息。

2. 全球定位系统（GPS）

GPS 是美国国防部建设的为满足军事部门对高精度导航和定位的要求，基于卫星的无线电导航定位系统。它能连续为世界各地的海、陆、空三大领域用户提供实时、全天候和全球性的导航服务，并用于情报收集、核爆监测和应急通信等，也为民用、商用提供导航、定位、测速和授时等服务。

GPS 也由三部分构成，即空间部分、地面监控部分和用户部分，如图 2-40 所示。

空间部分是由 24 颗卫星组成，其中 21 颗为工作卫星，3 颗为备用卫星。24 颗卫星均匀分布在 6 个轨道平面上，即每个轨道平面上有 4 颗卫星，如图 2-41 所示。这种布局保证了在全球任何地点、任何时刻至少可以观测到 4 颗卫星。所能连接到的卫星数越多，解码出来的位置就越精确。

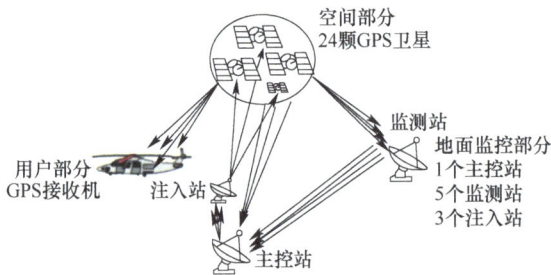

图 2-40　GPS 三大组成部分

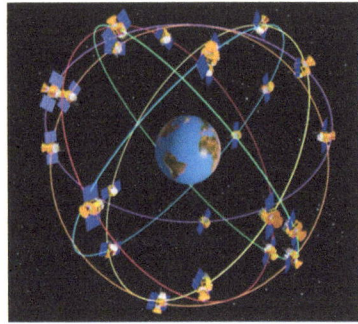

图 2-41　空间卫星布局

地面监控部分由分布在全球的 1 个主控站、3 个注入站和 5 个监测站组成。用户部分主要是 GPS 接收器、卫星天线及相关设备。这两部分的作用与北斗卫星导航系统的相同。

GPS 利用卫星基本三角定位原理，其接收装置通过测量无线电信号的传输时间来测量距离。由每颗卫星的所在位置和测量得到的每颗卫星与接收装置的距离，便可以算出接收器所在位置的三维坐标值。使用者至少需要收到 3 颗卫星的信号才可确定自身的位置。实际使用中 GPS 接收装置都是利用 4 个及以上的卫星信号来确定使用者所在位置及高度的。

3. 格洛纳斯卫星导航系统（GLONASS）

俄罗斯的 GLONASS 采用三星定位，精度比 GPS 低，军民两用。

4. 伽利略卫星导航系统（GALILEO）

GALILEO 是由欧盟研制和建立的全球导航卫星系统，采用三星定位，专门为民用。

三、差分 GNSS 定位技术

差分 GNSS 的基本原理主要是在一定地域范围内设置一台或多台接收机，将一台已知精密坐标的接收机作为差分基准站，基准站连续接收 GNSS 信号，并与基准站已知的位置和距离数据进行比较，计算出差分校正量，然后，基准站就会将此差分校正量发送到其范围内的流动站进行数据修正，从而减少甚至消除卫星时钟、卫星星历、电离层延迟与对流层延迟等所引起的误差，提高定位精度。

流动站与差分基准站的距离直接影响差分 GNSS 的效果，流动站与差分基准站的距离越近，两站点之间测量误差的相关性就越强，差分 GNSS 系统的性能就越好。

根据差分校正的目标参量不同，差分 GNSS 主要分为位置差分、伪距差分和载波相位差分。

1. 位置差分

位置差分系统如图 2-42 所示。位置差分是通过在已知坐标点的基准站上安装 GNSS 接收机来对 4 颗或 4 颗以上的卫星进行实时观测，进行定位，得出当前基准站的坐标测量值。实际上由于误差的存在，通过 GNSS 接收机接收的消息，解算出来的坐标与基准站的已知坐标是不同的。将坐标测量值与基准站实际坐标值的差值作为差分校正量。基准站利用数据链路将所得的差分校正量发送给流动站，流动站根据接收到的差分校正量与自身 GNSS 接收机接收到的测量值进行坐标修改。位置差分是一种最简单的差分方法，其传输的差分改正数少，计算简单，并且任何一种 GNSS 接收机均可改装和组成这种差分系统。但由于流动站与基准站必须观测同一组卫星，因此位置差分法会受到距离上的限制，通常流动站与基准站间距离不超过 100km。

2. 伪距差分

伪距差分系统如图 2-43 所示。伪距差分是在一定范围的定位区域内，设置一个或多个安装

GNSS 接收机的已知点作为基准站，连续跟踪、观测所有在信号接收范围内的 GNSS 卫星伪距，通过在基准站上利用已知坐标求出卫星到基准站的真实几何距离，将其与观测所得的伪距比较，再通过滤波器对此差值进行滤波并获得其伪距修正值。然后，基准站将所有的伪距修正值发送给流动站，流动站利用这些修正值来改正 GNSS 卫星传输来的测量伪距。最后，用户利用修正后的伪距进行定位。伪距差分的基准站与流动站的测量误差与距离存在很强的相关性，故在一定区域范围内，流动站与基准站的距离越小，使用 GNSS 差分得到的定位精度就会越高。

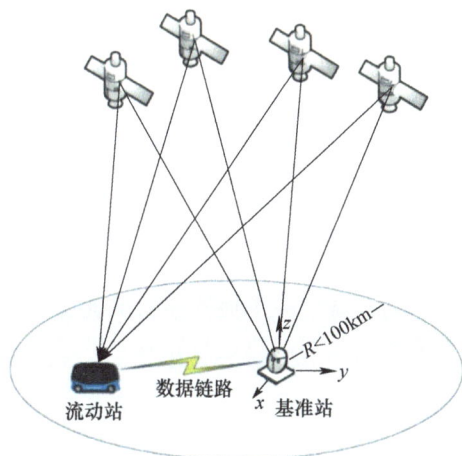

图 2-42　位置差分系统

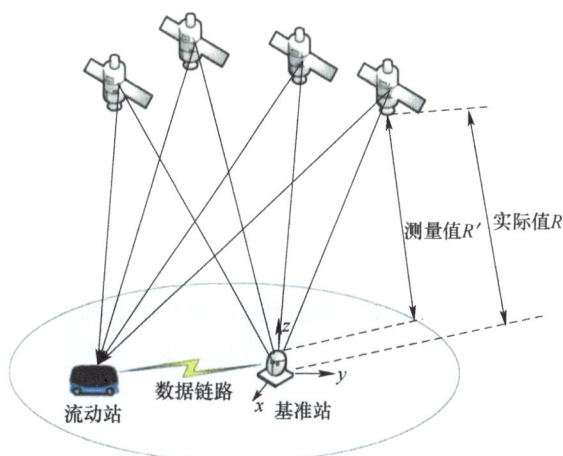

图 2-43　伪距差分系统

3. 载波相位差分

载波相位差分系统如图 2-44 所示。载波相位差分技术又称为实时动态（Real Time Kinematics，RTK）技术，是比位置差分和伪距差分更精准的定位技术。载波相位实现差分的方法有修正法和差分法。修正法与伪距差分类似，由基准站将载波相位修正量发送给流动站，以改正其载波相位观测值，然后得到自身的坐标。差分法是将基准站观测的载波相位测量值发送给流动站，使其自身求出差分修正量，从而实现差分定位。

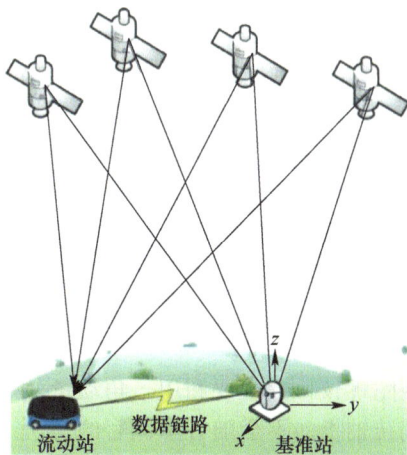

图 2-44　载波相位差分系统

载波相位差分技术的原理是实时处理两个测站的载波相位。与其他差分技术相比，载波相位差分技术中基准站不直接传输关于 GNSS 测量的差分校正量，而是发送 GNSS 的测量原始值。流动站收到基准站的数据后，与自身观测卫星的数据组成相位差分观测值，利用组合后的测量值完成相对定位，进而推算出测量点的坐标。

RTK 技术是一种利用接收机实时观测卫星信号载波相位的技术，结合了数据通信技术与卫星定位技术，采用实时解算和数据处理的方式，能够实现为流动站提供在指定坐标系中的实时三维坐标点，在极短的时间内实现高精度的位置定位，RTK 技术可使定位精度达到厘米级。

四、惯性导航系统

惯性导航系统（Inertial Navigation System，INS）是一种不依赖于外部信息、也不向外辐射能量的，利用惯性敏感器件、基准方向及最初的位置信息来确定运动载体在惯性空间中的位置方向和速度的自主式导航系统，有时也简称为惯导。

惯性导航系统包括惯性测量单元（Inertial Measurement Unit，IMU）和计算单元两大部分，如图 2-45 所示。IMU 主要由加速度计和陀螺仪组成，可实时检测物体的重心方向、俯仰角、偏航角等信息。如果 IMU 上有电子罗盘和气压计等传感器，那么其测量信息量与精度能得到一定的提高。计算单元主要由姿态解算单元、积分单元和误差补偿单元三部分组成。一个惯性导航系统通常集成了多个加速度计和多个陀螺仪。随着技术发展，惯性导航系统的发展趋势是与导航卫星定位系统融合集成为一个系统。

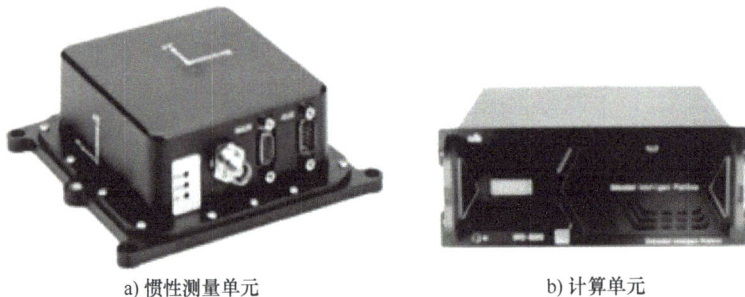

a) 惯性测量单元   b) 计算单元

图 2-45 惯性测量单元和计算单元

1. 加速度计

加速度计即加速度传感器，通常由质量块、阻尼器、弹性元件、敏感元件和计算电路等部分组成。加速度计在加速过程中，通过对质量块所受惯性力的测量，利用牛顿第二定律获得加速度值，其工作原理如图 2-46 所示。加速度计是惯性导航系统确定载体速度、载体距离和所在位置等导航参数的基本元件，也是实现平台初始对准不可缺少的部分。根据传感器敏感元件的不同，常见的加速度计有电容式、电感式、应变式、压阻式、压电式等。

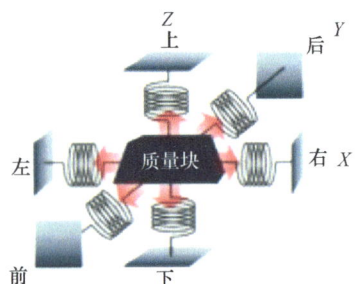

图 2-46 加速度计的工作原理

2. 陀螺仪

传统的惯性陀螺仪是指机械陀螺仪，它主要利用了角动量守恒原理，即对旋转的物体，其转轴指向不会随着承载它的支架的旋转而变化。机械陀螺仪对工艺结构的要求很高，结构复杂，精度受到很多方面的制约。随着科学技术的进步，机械陀螺仪逐步被淘汰，取而代之的是激光陀螺仪、光纤陀螺仪以及 MEMS 陀螺仪。

　　微机电系统（Micro-Electro-Mechanical Systems，MEMS）是集微型机构、微型传感器、微型执行器以及信号处理和控制电路、插口、通信和电源等于一体的微型器件或系统。其工作原理是当一个物体做周期运动（振荡或者旋转）时，在其正交平面内旋转的物体，会在与物体周期运动的垂直方向上产生科里奥利力。

　　科里奥利力是对旋转体系中进行直线运动的质点由于惯性相对于旋转体系产生的直线运动偏移的一种描述。在地球上，相对于地球运动的物体会受到另外一种惯性力的作用，这种惯性力就称为科里奥利力。在旋转体系中进行直线运动的质点，由于惯性，有沿着原有运动方向继续运动的趋势，但由于体系本身是旋转的，在经历了一段时间的运动之后，体系中质点的位置会有所变化，如果以旋转体系的视角去观察，那么它原有的运动趋势的方向就会发生一定程度的偏离。MEMS 陀螺仪就是利用科里奥利力，即旋转物体在有径向运动时受到切向力的原理，利用振动来诱导和探测科里奥利力的，如图 2-47 所示。

　　惯性导航系统是以加速度计和陀螺仪为敏感元件的导航参数解算系统，根据陀螺仪的输出建立导航坐标系，根据加速度计的输出解算出运动载体在导航坐标系中的速度和位置。目前的 ADAS 中就包含了加速度计、陀螺仪、压力传感器和磁力计等惯性传感器。其中加速度计用来测量运动载体的加速度大小和方向，加速度经过对时间的一次积分得到速度，速度再经过对时间的一次积分即可得到位移；陀螺仪用来测量运动载体围绕各个轴旋转的角速度，通过四元数角度解算形成导航坐标系，使加速度计的测量值投影在该坐标系中，并可给出航向和姿态角；磁力计用来测量磁场强度和方向，定位运动体的方向，通过地磁向量得到的

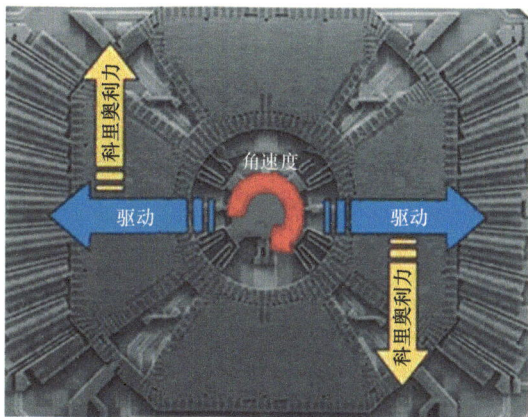

图 2-47　MEMS 陀螺仪

误差表征量可反馈到陀螺仪的姿态解算输出中，校准陀螺仪的漂移。

五、组合导航系统

　　组合导航系统是指把两种或两种以上不同的导航系统组合在一起，形成的一个有机整体，利用其性能上的互补特性，以获得比单独使用任一系统时更高的系统性能。根据不同的应用要求与目的可以构成不同的组合导航系统，在汽车上主要有 GNSS 和 INS 组合的组合导航系统以及 GNSS、INS 和高精地图组合的组合导航系统。

1. GNSS 和 INS 组合的组合导航系统

　　GNSS 是一个应用广泛、适用范围广、定位精度高的系统，但当它应用于自动驾驶车辆时，其信号刷新频率低，仅有 10Hz 左右的更新频率，不足以满足实时定位的要求，并且在某些道路上还会出现信号丢失或多路径的现象，因此在短时间内可以使用 INS 来进行替代。INS 的更新频率可以达到 200MHz 以上，能满足自动驾驶系统的要求。然而，INS 长时间使用时，由于误差积累，定位精度会随时间和行驶距离的增加发生漂移，又必须通过 GNSS 离散测量值进行修正。由此可见，GNSS 和 INS 有很强的互补性，因此现在大部分汽车都采用了这种组合式定位方式。在 GNSS 和 INS 组合的系统中，可以通过卡尔曼滤波器处理传感器测量值，从而得出更加准确、稳定、实时的载体高精度定位信息。

2. GNSS、INS 和高精地图组合的组合导航系统

在 L3、L4 的驾驶自动化中，不仅会采用 GNSS 和 INS 定位技术，还会用激光雷达与视觉传感器的信息和高精地图进行比对，通过环境特征匹配来进行高精度定位。人们常用的车载导航、查询地理位置信息的地图都属于传统的电子地图，主要服务对象为驾驶人，如谷歌地图、百度地图、高德地图等。高精地图被称为高分辨率地图或高度自动驾驶地图，是面向 L3 以上级别驾驶自动化汽车的电子地图，如图 2-48 所示。高精地图包含了大量与行车相关的辅助信息，一是道路数据，如道路车道线的位置、类型、宽度、坡度和曲率等；二是行车道路周围相关的固定对象信息，如交通标志、交通信号灯、车道限高、下水道口、固定障碍物、高架物体、树木等信息。所有信息都有地理编码，因此导航系统可以准确定位地形、物体和道路轮廓，从而引导车辆行驶。其中最重要的是对路网精确的三维表征（厘米级精度），如路面的几何结构、车道标线的位置、周围道路环境的点云模型等。随着 5G 及车联网技术的不断成熟，高精地图会在原来高精度的三维数据基础上结合云计算、大数据等为用户提供更高精度的地图和更实时的交通信息服务。

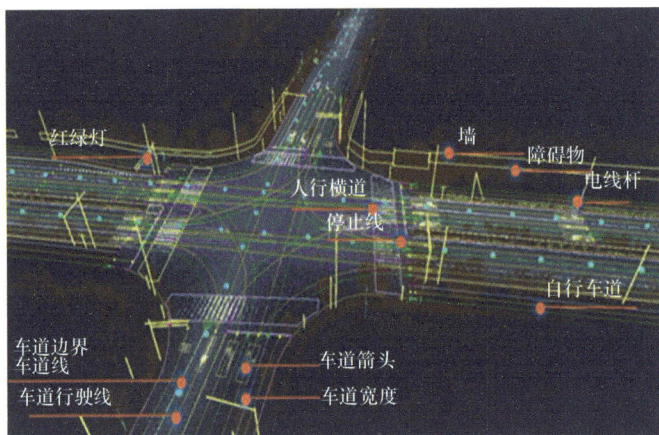

图 2-48　高精地图

【知识拓展】

北斗卫星导航系统——中国自己的导航系统

北斗卫星导航系统是中国着眼于国家安全和经济社会发展需要，自主建设、独立运行的卫星导航系统，是为全球用户提供全天候、全天时、高精度的定位、导航和授时服务的国家重要空间基础设施。

截至 2023 年 3 月，北斗三号全球卫星导航系统自 2020 年建成开通以来，全国已有超过 790 万辆道路营运车辆、4.7 万多艘船舶、4 万多辆邮政快递干线车辆应用北斗系统，近 8000 台各型号北斗终端在铁路领域应用推广；北斗自动驾驶系统农机超过 10 万台；2587 处水库应用北斗短报文通信服务水文监测，650 处变形滑坡体设置了北斗监测站点；搭载国产北斗高精度定位芯片的共享自行车投放已突破 500 万辆，覆盖全国 450 余座城市；基于北斗高精度的车道级导航功能，已在 8 个城市成功试点，并逐步向全国普及。截至 2023 年 7 月，北斗系统已服务全球 200 多个国家和地区用户。

中国始终秉持和践行"中国的北斗，世界的北斗"的发展理念，服务"一带一路"建设发展，

积极推进北斗系统国际合作。2035 年前，中国将建成以北斗系统为核心，更加泛在、更加融合、更加智能的国家综合定位导航授时体系，为未来智能化、无人化发展提供核心支撑。届时，从室内到室外、深海到深空，用户均可享受全覆盖、高可靠的导航定位授时服务，北斗卫星导航系统将更好地服务全球、造福人类。

课后调研：请通过阅读书籍或者互联网搜索，调研中国北斗卫星导航系统应用的相关资料，并与同学分享。

【任务实施】

仪器设备及工具准备
1）设备：组合导航系统开发套件、自动驾驶汽车开发平台。
2）工具：拆装工具套件、万用表。

操作注意事项
1）惯性导航单元安装时要注意方向，使+Y轴方向指向车头。
2）天线安装要处于车身的竖直中心线上。
3）组合导航系统线束要收纳整齐。

定位导航
传感器的
认知与安装

任务实施内容
根据教师指导和所学知识，安装组合导航系统，并记录。

学　院		专　业		班　级	
姓　名		学　号		日　期	
指导教师					
作业前准备记录					

步骤	操作方法及过程记录	操作示意图
	认识组合导航系统的硬件构成，了解各器件的功能	
认识组合导航系统	组合导航系统的硬件构成 惯性测量单元（IMU）功能：_____ 组合导航系统 GNSS 天线功能：_____	
安装组合导航系统主机	将惯性测量单元（IMU）安装在确定位置 是否完成：□是　□否	
	确定惯性测量单元（IMU）上+Y轴箭头指向：□车头　□车尾　□车身左侧　□车身右侧	

（续）

步骤	操作方法及过程记录	操作示意图
安装组合导航系统 GNSS 天线	组装组合导航系统 GNSS 天线，并正确安装在合理位置 是否完成：□是　□否	
	天线安装后，进行相应的检查 1）轻轻转动天线圆盘，检查天线是否松动：□是　□否 2）天线的安装是否处于车身的竖直中心线上：□是　□否	
连接组合导航系统相关线束	正确连接惯性测量单元（IMU）与 GNSS 天线 是否完成：□是　□否	
	正确连接惯性测量单元（IMU）与计算机 是否完成：□是　□否	

（续）

步骤	操作方法及过程记录	操作示意图
连接组合导航系统相关线束	正确连接惯性测量单元（IMU）与车载电源 是否完成：□是　□否	
检查电源	根据组合导航系统数据手册，确认其工作电压为_____ V	
	打开自动驾驶汽车实验平台电源，用万用表测量组合导航系统供电电压 万用表档位：_____　　红色表笔接：_____ 黑色表笔接：_____　　供电电压值：_____	
	供电电压是否满足组合导航系统电源要求：□是　□否	
	是否断开自动驾驶汽车实验平台电源：□是　□否	
检查安装情况，6S 管理	GNSS 天线是否安装牢固、安装位置正确：□是　□否	
	GNSS 天线延长线连接是否正确：□是　□否	
	惯性测量单元安装位置、方向是否正确：□是　□否	

【评价反馈】

序号	作业内容	配分	作业项目	扣分	得分	备注
1	认识组合导航系统	20	□熟知组合导航系统的组成、特性 □理解组合导航系统的工作原理 □查阅组合导航系统的相关特性参数 □了解组合导航系统各部分的功能			如有未完成的项目，根据情况酌情扣分
2	安装、连接组合导航系统	60	□确认惯性测量单元安装位置、正确安装惯性测量单元 □查阅数据手册，确定组合导航系统工作电压，准确测量供电电压 □正确连接惯性测量单元（IMU）与GNSS 天线 □正确连接惯性测量单元（IMU）与计算机 □正确连接惯性测量单元（IMU）与车载电源			

（续）

序号	作业内容	配分	作业项目	扣分	得分	备注
3	检查安装情况	10	□组合导航系统安装合理 □组合导航系统相关线束连接正确、牢固、收纳整齐			如有未完成的项目，根据情况酌情扣分
4	6S 管理	10	□6S 管理：整理、整顿、清扫、清洁、素养、安全			
	合计					

【课后测评】

一、填空题

1. BDS 实时精度可以达到（　　　　）级。

2. 在惯性导航系统中用来测量偏航角的惯性元件是（　　　　）。

3. GPS 至少需要（　　　　）颗卫星进行定位。

4. 全球导航卫星系统的地面监控部分负责向卫星发出控制指令的是（　　　　）。

5. 高精地图被称为高分辨率地图或高度自动驾驶地图，是面向（　　　　）以上级别驾驶自动化汽车的电子地图产品。

二、选择题

1.（单选）当一个物体做周期运动时，在其正交平面内旋转的物体，会在与物体周期运动的垂直方向上产生（　　），这是 MEMS 陀螺仪工作的基本原理。

A. 磁力　　　　　B. 科里奥利力　　　　C. 拉力　　　　　D. 弹力

2.（单选）通过加速度对时间的两次积分能够获得（　　）。

A. 速度　　　　　B. 位移　　　　　C. 加速度的平方　　　D. 位置

3.（单选）不会向外辐射，也不会受到外界干扰的定位方式是（　　）。

A. 卫星定位　　　　　　　　　B. 蜂窝定位

C. 惯性导航定位　　　　　　　D. WIFI 定位

4.（单选）一般来说，自动驾驶高精地图的绝对坐标精度要达到（　　）级。

A. 米　　　　　　B. 分米　　　　　C. 厘米　　　　　D. 毫米

5.（多选）全球导航卫星系统一般由（　　）三部分构成。

A. 地面监控部分　　B. 空间部分　　　C. 用户部分　　　D. GPS 接收机

6.（多选）加速度计即加速度传感器，通常由阻尼器和（　　）等部分组成。

A. 质量块　　　　B. 弹性元件　　　C. 敏感元件　　　D. 计算电路

7.（多选）惯性传感器定位的优点有（　　）。

A. 无信号丢失　　　　　　　　B. 自主式、全天候

C. 不受外界环境的干扰影响　　D. 更新频率比较高

8.（多选）目前世界上有哪几个全球导航卫星系统？（　　）

A. GPS　　　　　B. GLONASS　　　C. BDS　　　　　D. GALILEO

9.（多选）组合导航系统比单一的导航系统在导航精度上具有（　　）的优势。

A. 精度高　　　　　　　　　　B. 可靠性好

C. 测量信息冗余　　　　　　　D. 测量特性优势互补

10. （多选）组合导航系统包括那几种组合形式？（　　）

A. GNSS 和 INS 的组合　　　　　　　B. GNSS、INS 和高精地图的组合

C. 激光雷达和高精地图的组合　　　　D. GPS 和车载地图的组合

11. （多选）在汽车自动驾驶过程中，高精地图起到了（　　）的作用。

A. 高精度定位　　　　　　　　　　　B. 辅助环境感知

C. 规划与决策　　　　　　　　　　　D. 环境感知

三、简答题

1. 汽车上的组合导航系统包括哪些部分？各部分有什么特点？各自完成了什么功能？

2. 简述安装惯性导航主机时应如何判断方向。

项目 3

计算平台的认知与安装

【学习目标】 ••►

🚩 素质目标：

1）具有敬业精神，培养精益求精的工匠精神。
2）具有友善品质，分工协作、优势互补、相互帮助、共同进步。
3）培养爱国主义精神，弘扬社会主义核心价值观。

✅ 知识目标：

1）熟悉自动驾驶计算平台硬件结构、计算平台分类及架构。
2）熟悉 Ubuntu 系统的基本原理及作用。
3）掌握 Ubuntu 系统的基本指令。

🔧 能力目标：

1）具备装配自动驾驶汽车中计算平台硬件的能力。
2）具有查阅计算平台、工控机等部件参数的能力。
3）掌握自动驾驶汽车计算平台的软件安装方法。

任务 3.1 计算平台的硬件装配

【任务描述】 ••►

  智能网联汽车想要完成自动驾驶，离不开车载硬件系统的支持。车载硬件系统中的计算平台作为汽车的"大脑"，是自动驾驶汽车电子电气架构的核心。由于自动驾驶需要较高的实时性以及大量的数据运算工作，因此对计算机系统的要求较高。下面我们通过学习理论知识和动手安装实践，来认识学习智能网联汽车计算平台的硬件装配。

【知识准备】 ••►

一、计算平台的认知

  如果说传感器是自动驾驶汽车的"眼睛"，那么计算单元则是自动驾驶汽车的"大脑"，传感器采集到的数据经过计算单元的运算，才能转化为控制信号控制汽车行驶，因此，一个性能强大的"大脑"显得尤为关键。自动驾驶汽车作为高度自主的交通工具，需要实时感知周围环境，做出准确的决策并执行相应的动作，这一过程需要大量的数据计算、数据储存及数据处理。因此，计算平台是满足新型汽车电子电气结构的核心，也是自动驾驶汽车发展的重点。

计算平台是实现汽车自动行驶功能的软硬件一体化平台，包括芯片、模组、插口等硬件，以及功能软件、系统软件等软件，以适应分布式控制器向智驾域控制器的转变，也被称为车载智能计算基础平台。

计算平台是基于异构分布式硬件平台，融合并集成系统软件和功能软件的原型系统。计算平台根据差异化需求进行硬件定制和应用软件加载。其硬件架构包括 AI 单元、计算单元和控制单元等；其操作系统主要包含复杂嵌入式系统的汽车定制化系统软件和密切结合自动驾驶需求的通信功能软件。

计算平台负责进行自动驾驶相关的数据处理，在异构分布硬件平台基础上，集成自动驾驶操作系统，通过提供高性能计算能力，实现集中控制策略，保障自动驾驶汽车感知、规划、决策、控制功能模块的高速可靠运行，满足自动驾驶汽车的需求。自动驾驶等级每增加一级，算力需求会增长数倍或数十倍。如果考虑功能安全的冗余备份，算力需求还会增加。其中 L2 的自动驾驶分为一体机和小域控，一体机需要的算力在 5~8TOPS（Tera Operations Per Second）之间，小域控需要的算力为十几 TOPS；L3 需要的算力为 30~60TOPS；L4 的算力需求大于 100TOPS；L5 需要的算力目前未有明确定义。

传统汽车电子产业链中，电子控制单元形成了十分稳固的 Tier1（一级供应商）-Tier2（二级供应商）供应关系。对于新兴自动驾驶汽车电子产业链，人工智能、异构芯片硬件设计等成为发展重点。其中，Tier1 直接对接原始设备制造商（OEM）差异化需求，通过对计算平台的基础软硬件进行定制，对各种功能的应用软件进行开发，实现计算平台产品的批量化供应。芯片设计制造、操作系统和芯片 IP 则处于 Tier2。Tier1.5 向上支持主机厂的智能驾驶应用自定义，向下集成和整合 Tier2 的资源，如图 3-1 所示。车载计算平台将打破传统汽车的垂直化封闭产业链条，横向打通融合交叉领域，整合跨界资源，协同 Tier1、Tier2、信息与通信技术（ICT）企业、电信运营商、地图运营商等企业，支撑定制化和市场化的服务需求。

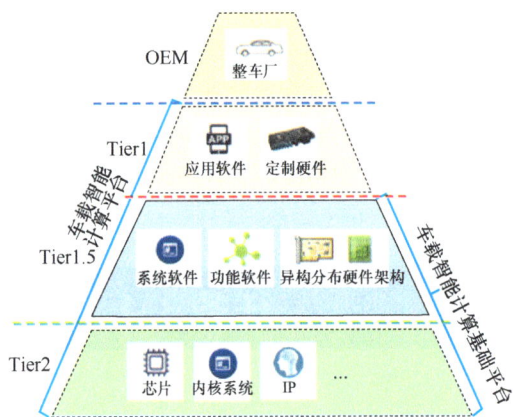

图 3-1 新一代汽车电子产业链条

二、计算平台的架构

1. 智能驾驶计算平台架构

智能驾驶计算平台由下至上可分为四层结构，分别为硬件平台、系统软件、功能软件、应用软件，如图 3-2 所示。硬件平台采用单板卡集成多种架构芯片的异构分布式架构，提供可持续扩展的计算能力。系统软件主要包括多种内核系统和中间件，为上层提供调度、通信、时间同步、调试诊断等基础服务。功能软件主要为自动驾驶的核心共性功能模块，包括感知、规划、决策和控制等算法组件。功能软件结合系统软件，共同构成宏观意义上的自动驾驶操作系统。应用软件主要包括数据感知融合、决策规划、控制执行、网联云控、数据地图等。

2. 车载计算平台架构

车载计算平台主要包含自动驾驶操作系统异构分布硬件平台和自动驾驶操作系统两大部分。该平台结合车辆和传感器等外围硬件，同时采用 CAN、GMLS/CSI、4G/5G 等网络，通过异构分布硬件平台装载运行自动驾驶操作系统，向上支撑应用软件开发，最终实现整体产品化交付，如图 3-3 所示。

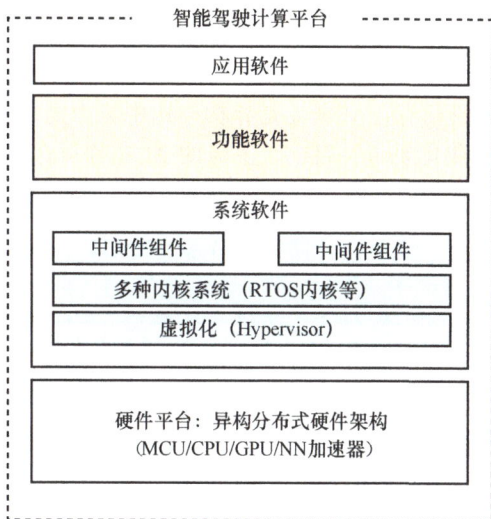

图 3-2　智能驾驶计算平台架构

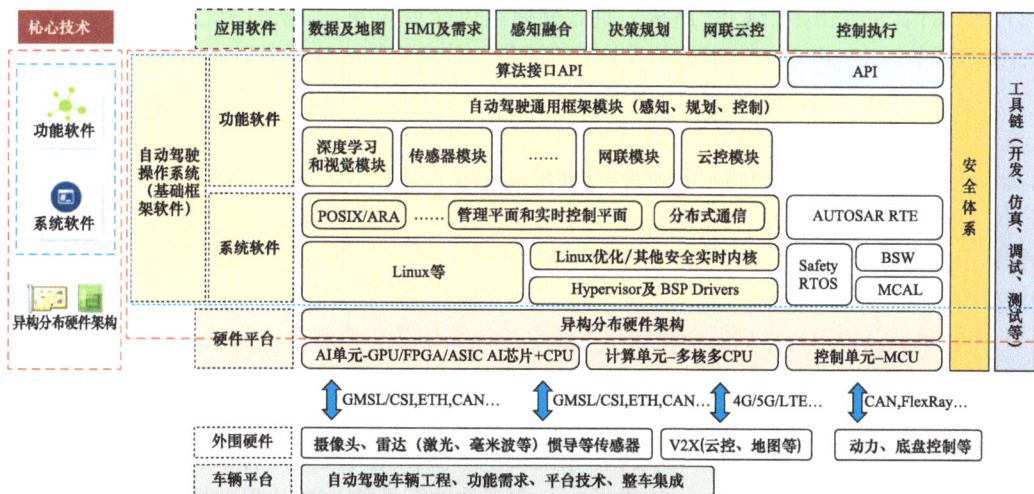

图 3-3　车载计算平台架构

（1）异构分布硬件平台　面向高阶自动驾驶车辆，计算平台需兼容多种类型、多数据传感器，并具备高安全性和高性能。现有单一芯片无法满足诸多接口和算力要求，采用异构芯片的硬件方案成为解决方法。异构可以体现在单板卡集成多种架构芯片，如奥迪 zFAS 集成微控制单元（MCU）、现场可编程门阵列（Field-Programmable Gate Array，FPGA）、中央处理器（Central Processing Unit，CPU）等，也可以体现在功能强大的系统级芯片（System on Chip，SoC），同时集成多个架构单元，如英伟达 Xavier 集成图形处理器（Graphics Processing Unit，GPU）和 CPU 两个异构单元。奥迪 zFAS 集成 MCU 如图 3-4 所示。

异构分布硬件平台主要由 4 部分组成：AI 计算单元、

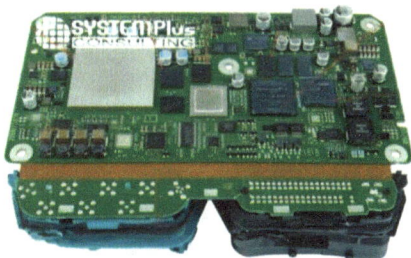

图 3-4　奥迪 zFAS 集成 MCU

通用计算单元、安全处理单元和控制单元。

1）AI 计算单元采用并行计算架构 AI 芯片，使用多核 CPU 配置 AI 芯片和必要处理器，负责图像处理、深度学习推理等数据密集型计算。目前 AI 芯片主要用于多传感器数据高效融合与处理，输出用于执行层执行的关键信息。AI 单元是异构架构中算力需求最大的一部分，需要突破成本功耗和性能的瓶颈以达到产业化要求。目前，主流的 AI 芯片可选架构有 GPU、FPGA、专用集成电路（Application Specific Integrated Circuit，ASIC）等。不同类型 AI 芯片优劣势见表 3-1。

表 3-1 不同类型 AI 芯片优劣势

架构	优势	劣势
CPU	数据读取、文件管理等管理调度能力强	架构弱势，数据处理能力较弱
GPU	并行运算执行效率高，数据吞吐量大，线程间通信速度快	功耗大，散热要求高
FPGA	存储器带宽需求低，流水处理响应迅速，设计灵活多变	一次性成本高
ASIC	体积小，功耗低，计算性能高，计算效率高	算法固定

2）通用计算单元由多个 CPU 组成，负责处理通用计算任务，具有计算能力强、功耗低等特点。计算单元装载 Hypervisor、Linux 的内核管理系统，管理硬件、软件资源，完成任务调度，用于执行大部分自动驾驶相关的核心算法，整合多传感器融合数据，完成路径规划、决策控制等功能。

3）安全处理单元负责安全业务的处理，包含多种硬件设计及专属芯片。在硬件设计上，根据功能安全等级需求，一般采用内建自测电路的方式监测电路的工作状态。对于部分执行单元，采用冗余电路设计来实现高功能安全等级要求。在数据存储模块、数据通信链路上，采用奇偶校验编码保证端到端的数据传输安全性。在架构层面，一些大型 SoC 采用安全岛技术实现对系统内功能的监控与错误处理。

4）控制单元负责运行车辆安全控制相关的单一计算任务。控制单元加载 Classic AUTOSAR 平台基础软件，MCU 通过通信接口与 ECU 相连，实现车辆动力学横纵向控制，满足功能安全 ASIL-D 等级要求。同时，软件系统需要预留与智能车辆操作系统集成的通信接口。

（2）自动驾驶操作系统　自动驾驶操作系统是一个流程化的复杂综合系统，涉及众多流程和领域，贯穿了线控底盘、硬件平台、软件平台、实现功能等。作为自动驾驶操作系统，应支持汽车的基础功能和高级功能，对接收到的数据实时回馈，同时需要保证安全可靠，且必须内置高级的人工智能。自动驾驶操作系统的结构如图 3-5 所示。

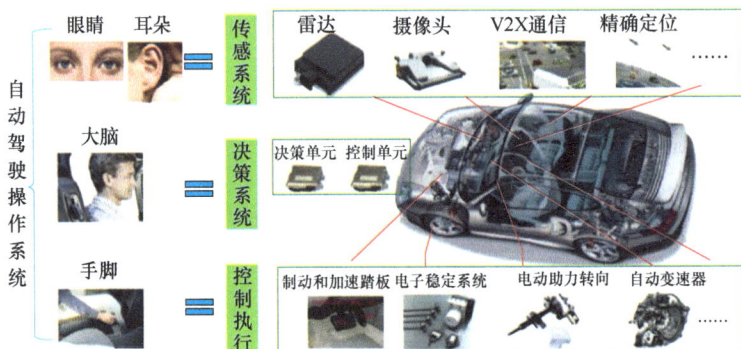

图 3-5 自动驾驶操作系统的结构

三、计算平台方案

计算平台相当于智能驾驶汽车的"大脑"，当传感器接收到信息后，数据被导入计算平台，由功能各异的芯片进行处理，因此，计算平台的选择会直接影响自动驾驶的实时性。自动驾驶计算平台按照基础计算平台的不同，可分为基于 GPU 的计算平台、基于 FPGA 的计算平台、基于 DSP 的计算平台、基于 ASIC 的计算平台以及基于 NPU 的计算平台 5 种类型。

1. 基于 GPU 的计算平台

GPU 是主要用做图形处理的专用加速器。GPU 内部有很多并行的计算单元支持，有强大的并行处理能力和可编程流水线，既可以处理图形数据，也可以处理非图形数据，特别是人工智能及智能驾驶在自动驾驶领域应用后，使用 GPU 可以在性能上大大超越传统的 CPU 应用程序。在数据处理的运算量远大于数据调度和传输的运算量时，GPU 也可以实现比 CPU 更高的应用处理效率。NVIDIA GPU 框架结构图如图 3-6 所示。

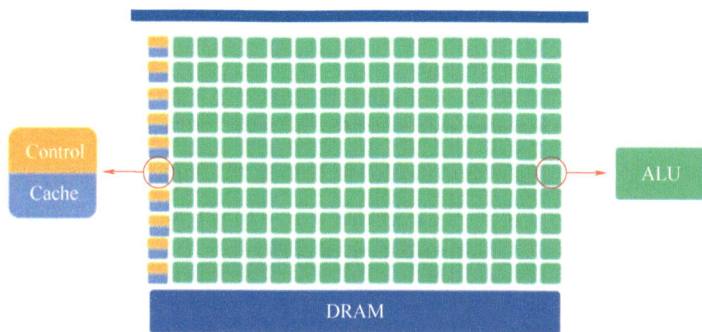

图 3-6　NVIDIA GPU 框架结构图

NVIDIA 公司作为世界领先的 GPU 生产公司，近年来推出了一系列可用于深度学习的、可应用于自动驾驶领域的 GPU 芯片，如 Tesla P4 和 Tesla P40 等。NVIDIA 自动驾驶嵌入式处理器如图 3-7 所示。

2. 基于 FPGA 的计算平台

FPGA 是在 PAL、GAL、CPLD 等可编程器件的基础上进一步发展的产物。在自动驾驶领域，FPGA 具有诸多优点，如成本低、可靠性高、硬件配置灵活、可实时进行数据处理和决策、抵御网络攻击、确保自动驾驶汽车的功能安全等。由于 FPGA 的计算结果无须调用主储存器来做临时的保存，而是可以直接向下反馈，所以相比其他芯片，基于 FPGA 的计算平台在面对高处理要求时能耗较低，所需要的存储带宽也较低。

图 3-7　NVIDIA 自动驾驶嵌入式处理器

奥迪公司在其自动驾驶汽车产品中采用了基于 FPGA 的计算平台，专门为传感器的融合提供优化，可结合来自多个传感器的数据进行分析，以完成高度可靠的物体检测。Altera 公司为奥迪打造的基于 FPGA 的 Cyclone V SoC 套件如图 3-8 所示。

3. 基于 DSP 的计算平台

DSP 即数字信号处理器，是由大规模或超大规模集成电路芯片组成的用来完成数字信号处理任务的处理器。在汽车领域，使用红外线和毫米波雷达的数据需要使用 DSP 进行分析，视觉传感

图 3-8　Altera 公司为奥迪打造的基于 FPGA 的 Cyclone V SoC 套件

器拍摄的图像数据也需要经过 DSP 处理，才能在驾驶系统里显示出来，供驾驶人参考。

德州仪器公司提供了一种基于 DSP 的自动驾驶解决方案，其 TDA2x SoC 拥有两个浮点 DSP 内核 C66x 和 4 个专为视觉处理设计的完全可编程的视觉加速器，可提供 8 倍的视觉处理加速且具有更低的能耗。目前，基于 DSP 的计算平台已经被应用于丰田 Tundra 货车。该车能自动识别前方道路，进行即时导航决策，完全无须人工干预就能实现自动行驶。

4. 基于 ASIC 的计算平台

ASIC 即专用集成电路，是应特定用户要求和特定电子系统的需要而设计、制造的集成电路。其一旦设计制造完成，内部的电路和算法就固定了，无法再更改，使用 FPGA 来进行 ASIC 设计是较为广泛的方式之一。基于 ASIC 的计算平台具有能耗低、计算性能及效率高的优点。

Mobileye 是一家基于 ASIC 的自动驾驶解决方案提供商，其 Eyeq5 SoC 装备有 4 种异构的全编程加速器，分别对专有的算法进行了优化，包括计算机视觉、信号处理和机器学习等。Eyeq5 SoC 还装备有两个 PCI-E 端口，以支持多处理器间通信。这种加速器架构可为每一个计算任务适配最合适的计算单元。Mobileye 公司生产的 Eyeq5 如图 3-9 所示。

5. 基于 NPU 的计算平台

NPU 即嵌入式神经网络处理器，由华为 MDC 智能驾驶计算平台提出。相比传统标量、矢量运算模式，NPU 架构采用 3D Cube 针对矩阵运算做加速，因此，单位时间计算的数据量更大，单位功耗下的 AI 算力也更强，相对传统的 CPU 和 GPU 能实现数量级提升及更优能效。NPU 结合了 FPGA 和 ASIC 的优点，不仅具有 ASIC 低能耗的特点，还具有 FPGA 的可编程、灵活性高的特点。

图 3-9　Mobileye 公司生产的 Eyeq5

华为 MDC300 智能驾驶计算单元，设计目标是作为 L2～L4 级自动驾驶硬件平台，可满足交通拥堵自动驾驶（Traffic Jam Pilot，TJP）、高速路自动驾驶（Highway Pilot，HWP）、自动代客泊车（Auto Valet Parking，AVP）功能需求，其性能强大、安全可靠，适用于乘用车（如拥堵跟车、高速巡航、自动代客泊车）、商用车（如港口货运、干线物流）与作业车（如无人矿车、清洁车、无人配送）等多种应用场景。华为车 BU MDC 平台如图 3-10 所示。

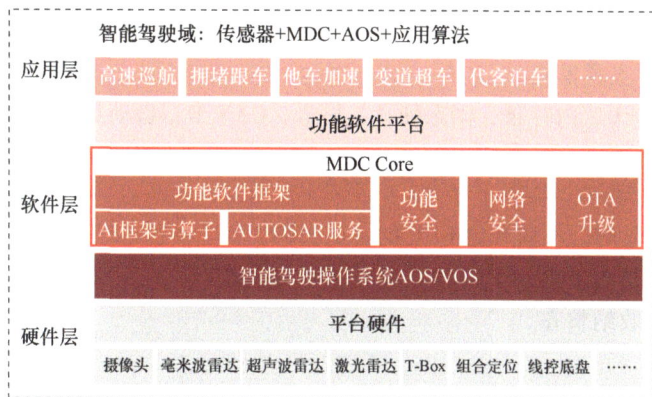

图 3-10　华为车 BU MDC 平台

【知识拓展】

红旗 Linux 4.0——专为中国国情量身打造的开源操作系统

作为一种自由和开放源代码的类 Unix 操作系统，Linux 操作系统可安装在各种各样的电脑硬件设备中，例如手机、平板计算机、路由器、桌上型计算机、大型计算机和超级计算机。Linux 尤其适合作为大中型计算机的操作系统和网络服务器。

据权威部门统计，目前 Linux 操作系统在服务器领域已经占据 75% 的市场份额，同时，Linux 操作系统在服务器市场的迅速崛起，已经引起全球 IT 产业的高度关注，并以强劲的势头成为服务器操作系统领域中的中坚力量。

虽然中国的 Linux 操作系统起步较晚，但随着国家政策扶持和企业支持力度不断加大，其发展速度迅猛。2000 年左右，中国就开始尝试自主研发 Linux 操作系统压缩命令，并在 2002 年诞生了第一个国产 Linux 操作系统——"红旗 Linux"。此后，中国各大 IT 企业纷纷加入到 Linux 操作系统的研发中来。

红旗 Linux 4.0 操作系统采用了国内领先的安全内核技术，通过应用系统级别、服务级别和内核级别等多种技术手段进行安全加固，有效减少了系统在使用过程中的漏洞和受攻击面。对于国内企业来说，使用红旗 Linux 4.0 操作系统这样一款国产操作系统，不仅可以达到信息化的效果，还能够清除安全隐患和保护数据安全。在数据隐私保护问题上，红旗 Linux 操作系统还配备了加密技术、存储安全技术和身份认证技术等多种技术手段，有效保障了用户的数据安全。

红旗 Linux 4.0 操作系统不仅是中国计算机软件的代表，也是中国独立自主思想的产物。在国际环境中，这一操作系统为中国企业融合国际和本土技术打开了新的大门，为中国在国际信息化领域中取得更多话语权和市场份额提供了更好的平台，同时也体现了中国强大的自主技术实力。红旗 Linux 操作系统作为国产操作系统的代表，向世界展示了具有中国特色的高质量科技。

课后调研：请通过阅读书籍或者互联网搜索，调研一种中国自主研发的操作系统的相关资料并与同学分享。

【任务实施】 ┃••▶

**计算平台的
硬件装配**

仪器设备及工具准备

1）设备：CPU、内存条、固态硬盘、显卡、CAN 卡、自动驾驶汽车开发平台。

2）工具：拆装工具套件、万用表。

操作注意事项

1）安装 CPU 时，不要触碰 CPU 的金属引脚。

2）工控机线束连接要正确、牢固。

3）工控机线束要收纳整齐。

任务实施内容

根据教师指导和所学知识，装配自动驾驶计算平台硬件，并记录。

学　院		专　业		班　级	
姓　名		学　号		日　期	
指导教师					
作业前准备记录					

步骤	操作方法及过程记录	操作示意图
	认识工控机的硬件结构及组成；掌握工控机的基本组装方法	
组装准备	CPU 安装准备 是否完成：□是　□否 CPU 引脚位置：_____ CPU 安装方向：_____	
	确认内存条安装位置 是否完成：□是　□否 固态硬盘安装准备 是否完成：□是　□否	
	CPU 散热风扇安装准备 是否完成：□是　□否	

（续）

步骤	操作方法及过程记录	操作示意图
组装准备	主板安装准备 是否完成：□是　□否	
	显卡、PCIE-CAN 卡安装准备 是否完成：□是　□否	
	机箱电源安装准备 是否完成：□是　□否	
主板安装	确认 CPU、散热风扇、内存条、固态硬盘等部件的安装位置或固定插口 ①：_____ ②：_____ ③：_____ ④：_____ ⑤：_____ ⑥：_____ ⑦：_____ ⑧：_____ ⑨：_____ ⑩：_____ ⑪：_____	

（续）

步骤	操作方法及过程记录	操作示意图
机箱安装	对机箱尾部的插口挡板进行拆卸，做好安装准备 注意：拆卸位置需要根据显卡与 CAN 卡的安装位置进行判定 是否完成：□是　□否	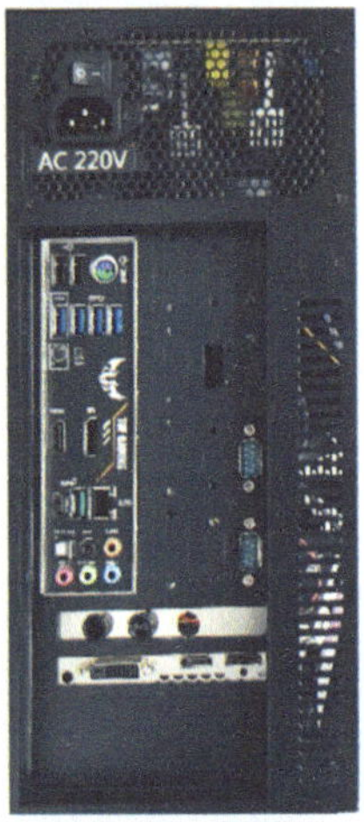
	在机箱内部依次进行主板、显卡、PCIE-CAN 卡、电源的安装 是否完成：□是　□否	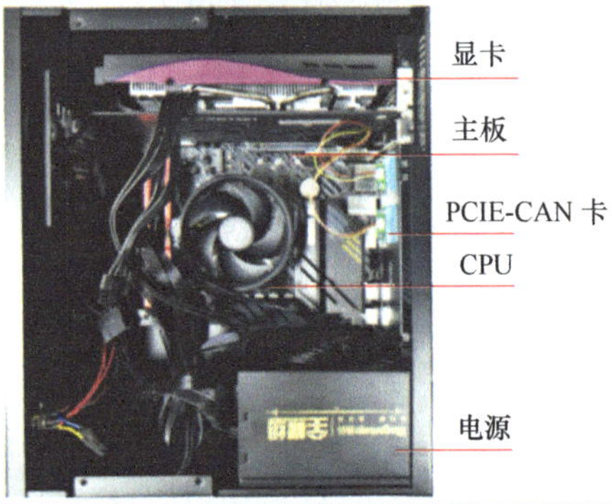 显卡 主板 PCIE-CAN 卡 CPU 电源
电源与机箱面板线束连接	按照右图完成线束连接，并检查线束的连接情况 1）连接"POWER SW"电源开关 是否完成：□是　□否 2）连接"POWER LED"电源指示灯 是否完成：□是　□否	
	安装显卡固定挡板与机箱盖板 是否完成：□是　□否	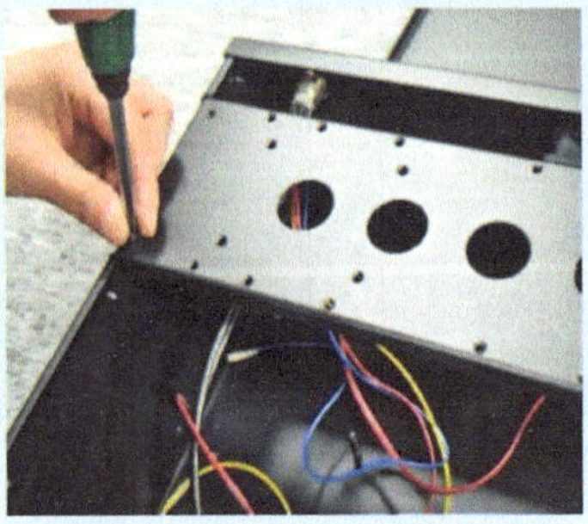

（续）

步骤	操作方法及过程记录	操作示意图
开机测试	连接电源、显示器、键盘、鼠标 是否完成：□是　□否	
	工控机能否正常进入系统 □是，能正常进入系统 □否，不能正常进入系统，但显示器有主板信息显示，且能够进入 BIOS 界面 □否，显示器无任何显示	
检查安装情况， 6S 管理	工控机线束连接是否正确、牢固：□是　□否	
	工控机线束是否收纳整齐：□是　□否	

【评价反馈】 |••••••••••••••••••••••••••••••••••••••►

序号	作业内容	配分	作业项目	扣分	得分	备注
1	工控机认知	10	□熟知工控机的硬件结构及组成 □掌握工控机的基本组装方法			如有未完成的项目，根据情况酌情扣分
2	主板安装	30	□确认 CPU、散热风扇、内存条、固态硬盘等部件的安装位置 □正确安装 CPU、散热风扇、内存条、固态硬盘等部件 □选择正确卡槽安装内存条			

（续）

序号	作业内容	配分	作业项目	扣分	得分	备注
3	机箱安装	30	□确认主板、电源等在工控机箱中的安装位置 □正确拆卸机箱 □正确安装主板、显卡、PCIE-CAN卡、电源			如有未完成的项目，根据情况酌情扣分
4	电源与机箱面板线束连接	20	□工控机箱内部线束连接正确、牢固、收纳整齐 □正确安装显卡固定挡板与机箱盖板			
5	6S管理	10	□6S管理：整理、整顿、清扫、清洁、素养、安全			
			合计			

【课后测评】

一、填空题

1. 自动驾驶计算机平台按照基础计算平台的不同，可分为5种类型：基于（　　　　）的计算平台、基于FPGA的计算平台、基于DSP的计算平台、基于ASIC的计算平台以及基于NPU的计算平台。

2. 智能驾驶计算平台由下至上可分为4层结构，分别是（　　　　）、（　　　　）、（　　　　）和应用软件。

二、选择题

1. （单选）计算平台是基于（　　　），融合并集成系统软件和功能软件的原型系统。

A. 操作系统　　　　　　　　　B. 异构分布式硬件平台

C. 传感器　　　　　　　　　　D. 以上都是

2. （单选）电子产业链中，电控单元（ECU）形成了十分稳固的供应关系，其中，芯片设计制造处于（　　　）。

A. Tier1　　　　B. Tier2　　　　C. Tier3　　　　D. Tier4

3. （单选）计算平台系统软件主要包括多种（　　　）和中间件，为上层提供调度、通信、时间同步、调试诊断等基础服务。

A. 架构芯片　　　B. 算法组件　　　C. 内核系统　　　D. 以上都是

4. （多选）异构分布硬件架构主要由（　　　）组成。

A. AI单元　　　B. 通用计算单元　　　C. 控制单元　　　D. 安全处理单元

5. （多选）以下属于FPGA优点的有（　　　）。

A. 性能优越　　　B. 前期投入低　　　C. 后期成本低　　　D. 可改变逻辑功能

6. （多选）目前自动驾驶计算平台的分类包括（　　　）。

A. 基于GPU的计算平台　　　　　　B. 基于FPGA的计算平台

C. 基于NPU的计算平台　　　　　　D. 基于ASIC的计算平台

三、简答题

1. 简述传统汽车电子产业链和新兴自动驾驶汽车电子产业链的异同。

2. 简述自动驾驶操作系统的分类。

3. 分析、绘制智能驾驶汽车计算平台的硬件平台、系统软件、功能软件、应用软件架构图。

任务3.2 计算平台的软件安装

【任务描述】

2021年，百度联合吉利共同打造"基建-车-出行"完整体系，打造软硬件及服务一体化。此外，国内数家互联网公司联合车企以智能座舱、交通引擎作为突破口进入智能汽车行业。操作系统作为应用软件的基础开发平台，已逐渐成为智能网联汽车发展的基础与核心。下面我们通过学习理论知识和动手安装实践，来认识学习智能网联汽车计算平台的软件系统。

【知识准备】

智能驾驶系统涉及众多软件，贯穿了感知、规划、控制等模块，同时需配合线控底盘、传感器、计算平台等硬件，所以驾驶软件的搭建需要在一个稳定、安全的操作平台上进行。常用的操作系统有Linux操作系统、QNX操作系统等。现阶段，在无人驾驶汽车上得到广泛应用的操作系统是Linux操作系统。

一、Linux操作系统认知

Linux操作系统是一种基于C语言和汇编语言写成的操作系统，其内核三大功能包括硬件抽象、磁盘及文件系统控制、多任务管理，它与其他操作系统最大的区别体现在其基本思想是"一切都是文件"。

Linux操作系统在企业级服务器上的应用十分广泛，它可以为企业架构WWW服务器、数据库服务器、路由器等。企业使用Linux操作系统既能降低运营成本，也可带来高稳定性和高可靠性。

由于Linux操作系统开放源代码，功能强大、可靠、稳定性强、灵活，有极大的伸缩性，再加上它支持大量的微处理器体系结构、硬件设备、图形支持和通信协议，因此，从互联网设备（路由器、交换机、防火墙、负载均衡器等）到专用的控制系统（自动售货机、手机、掌上计算机、各种家用电器等），Linux操作系统都有很广阔的应用市场。Linux操作系统在个人计算机上同样被广泛应用，可以满足上网浏览、处理数据、收发电子邮件、实时通信等功能。

目前，世界上最流行的Linux开源系统包括CentOS、Ubuntu、Debian等。其中，Ubuntu系统是一个以桌面应用为主的Linux操作系统，和人们以为的难以安装、难以使用的Linux操作系统不同，Ubuntu系统是一个易于安装、操作简单、安全性高、可稳定运行的基于Linux内核的桌面操作系统。该系统在有特定权限的情况下才能安装文件，因此很难加载病毒，安全性高，且易于安装，可以稳定运行在台式机、笔记本计算机之上。

Linux操作系统大致分为三层，内核层、Shell层和应用层。靠近硬件的内核层即Linux操作系统的常驻内存部分；Shell层即操作系统的系统程序部分；应用层即用户处理程序部分，包括各种文本处理程序、语言编译程序、游戏程序等。Linux操作系统的体系结构如图3-11所示。

在Linux操作系统的使用过程中，并不直接在系统中操作，而是通过Shell作为中间程序来完成。在图形界面下为了实现让用户在一个窗口中完成用户输入和显示输出，Linux操作系统还提供了一个称为终端模拟器的程序（Terminal），一般分为 gnome-terminal、kconsole、xterm、xvt、kvt、nxterm 和 eterm。Ubuntu 系统的终端模拟器如图 3-12 所示。

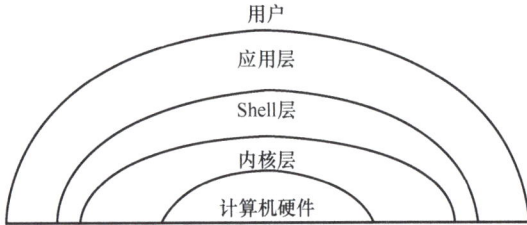

图 3-11　Linux 操作系统的体系结构

图 3-12　Ubuntu 系统的终端模拟器

　　Shell 是指"提供给使用者使用界面"的软件（命令解析器），可以接受用户输入命令的程序，隐藏了操作系统底层的细节。在 Linux 操作系统中，Shell 不仅仅是用户交互的界面，也是控制系统的脚本语言。在 Linux 操作系统中常见的 Shell 有 bash、sh、ksh、csh 等，其中 Ubuntu 终端默认使用的是 bash。

二、Linux 操作系统的目录结构

　　在 Linux 操作系统中，所有的文件和目录都被组织成以一个根节点开始的倒置的树状结构。文件系统的最顶层是由根目录开始的，系统使用"/"来表示根目录。在根目录之下的既可以是目录，也可以是文件，而每一个目录中又可以包含子目录文件。如此反复，就可以构成一个庞大的文件系统。Linux 操作系统的树状目录结构如图 3-13 所示。

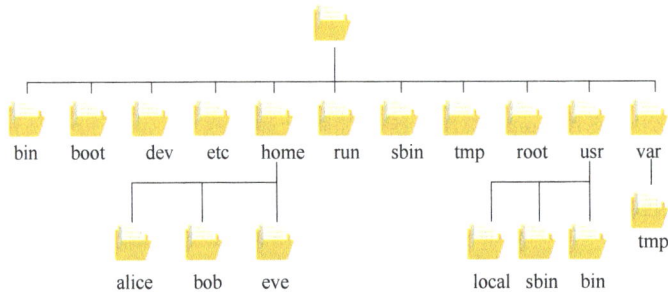

图 3-13　Linux 操作系统的树状目录结构

　　Linux 操作系统的目录功能见表 3-2。

表 3-2　Linux 操作系统的目录功能

Linux 操作系统目录	功能
/bin	存放大多数系统命令，如 cat、mkdir、mv、cp、tar、chmod 等
/boot	存放开机所需的文件，开机时载入开机管理程序（bootloader），并映像到内存中
/dev	存放设备的文件，如 disk、dvd、floppy、fd0、hdc、stdin 等
/etc	存放绝大多数 Linux 系统引导所需的配置文件，如 gconf、yum. conf、hosts 等

（续）

Linux 操作系统目录	功能
/home	存放用户账号，系统管理员添加用户时，在此目录下创建并默认有 Desktop 目录
/lib	存放系统程序文件，包含 C 编译程序需要的函数库，是一组二进制文件，如 iptables 等
/mnt	常用挂载点，专门外挂文件系统，里面可能包含 cdrom、hgfs、floopy 等
/opt	第三方程序安装目录，如 Linux QQ、Linux Opera 等
/proc	存放记录系统状态的文件，如 meminfo、cpuinfo、devices、partitions、version 等
/root	管理员目录，存放 Desktop 等
/sbin	超级管理员专用目录，包含一些重要的命令，如 shutdown、dump 等
/tmp	用于存储临时文件
/var	存放系统定义表，以便在系统运行改变时备份目录，如 cache、ftp、mai、www 等
/usr	包含其他一些重要内容，如 bin、sbin、lib、include 等，且 bin 下含有 gcc、python 等

三、Linux 操作系统的常用指令

在 Linux 操作系统中，尽管大部分程序都有相应的图形工具，但这些图形工具有其局限性，所以 Linux 操作系统中绝大部分工作都使用命令行完成。Linux 操作系统常用快捷键及含义见表 3-3。

表 3-3　Linux 操作系统常用快捷键及含义

快捷键	含义
Ctrl+Alt+T	打开新的终端
Shift+Ctrl+T	在当前终端同级打开新的终端
Ctrl+Shift+V	粘贴
Ctrl+Shift+C	复制
TAB	自动补全命令或文件名
CTRL+D	关闭标签页
CTRL+L	清除屏幕
CTRL+C	终止当前任务

Linux 操作系统常见指令及含义见表 3-4。

表 3-4　Linux 操作系统常见指令及含义

指令	含义
ls（list files）	列出目录及文件名
cd（change directory）	切换目录

（续）

指令	含义
pwd（print work directory）	显示目前的目录
mkdir（make directory）	创建一个新的目录
rmdir（remove directory）	删除一个空的目录
cp（copy file）	复制文件或目录
rm（remove）	删除文件或目录
mv（move file）	移动文件与目录，或修改文件与目录的名称
sudo	sudo 命令，以系统管理者的身份执行命令
touch	如果文件不存在，在当前目录下新建一个文件
vim（vi improved）	以 vim 方式打开文件
cat（concatenate）	查看文件内容
clear	清屏
apt（advanced packaging tool）	提供了查找、安装、升级、删除某一个、一组甚至全部软件包的命令；apt 命令执行需要超级管理员权限（root） 例：安装指定的软件命令：sudo apt install <package_name>
save	存储数据
cd	去到指定的文件的目录：cd［绝对路径］
bash（Bourne Again Shell）	命令行环境；一个命令解释器
docker	docker 环境：一个开源的应用容器引擎，让开发者打包应用传到一个可移植的容器中，然后发布至 Linux 操作系统
scripts	用户可以用 Shell 命令写出各种小程序，又称为脚本（script）这些脚本都通过 Shell 的解释执行，而不通过编译
dev_start. sh	运行的脚本［Bourne Shell（sh）］
bash docker/Scripts/Dev_start. sh	拉取 Apollo 镜像
bash docker/Scripts/Dev_into. sh	进入容器
cyber_ monitor	显示 cyber 所有 channel 的信息
. py	python 的脚本文件
bin	存放常用的程序文件（命令文件）
reboot	重启系统
shutdown	关机

1. 目录指令

（1）目录切换［cd（change directory）］指令　cd 指令可以从当前目录切换到指定的任意目录。常见目录切换指令及含义见表 3-5。

表 3-5　常见目录切换指令及含义

指令	含义
cd/	切换到根目录
cd~	切换到当前用户的主目录（/home/用户目录）
cd.	保持在当前目录不变
cd../	切换到上一级目录
cd/usr	切换到根目录下的 usr 目录
cd-	切换到上次访问的目录

（2）目录查看［ls（list）］　ls 指令可以列出目录下的文件。以"."开头的文件为隐藏文件，当查看此类文件时，需要用-a 参数才能显示。常见目录查看指令及含义见表 3-6。

表 3-6　常见目录查看指令及含义

指令	含义
ls	查看当前目录下的所有目录和文件
ls-a	查看当前目录下的所有目录和文件（包括隐藏的文件）
ls-l 或 ll	列表查看当前目录下的所有目录和文件（以列表形式显示文件的详细信息）
ls-h-l	配合-l 以人性化的方式显示文件大小
ls/dir	查看指定目录下的所有目录和文件，如：ls/usr
~	代表用户主目录（home/用户目录）
.	代表当前目录
..	代表上一级目录

（3）目录操作［mkdir（make directories）］　mkdir 指令可以创建目录。常见目录操作指令包括创建目录、删除目录、修改目录、拷贝目录等。常见目录操作指令及其含义见表 3-7。

表 3-7　常见目录操作指令及含义

指令	含义
mkdir aaa	在当前目录下创建一个名为 aaa 的目录
mkdir /usr/aaa	在指定目录下创建一个名为 aaa 的目录
rm 文件	删除当前目录下的文件
rm-f 文件	强制删除，删除当前目录的文件（无提示信息）
rmdir	只能删除空目录
tree［+目录名］	以树状图列出文件目录结构
find /usr/tmp-name 'a * '	查找/usr/tmp 目录下的所有以 a 开头的目录或文件

2. 文件操作指令

常见文件操作指令包括新建文件、删除文件、修改文件、查看文本内容等。常见文件操作指令及其含义见表3-8。

表 3-8　常见文件操作指令及含义

指令	含义
touch 文件名	新建文件
rm-rf 文件名	删除文件
vim［+文件名］	以 vim 方式打开文件
Esc	进入命令模式（Command Mode）
cat［+文件名］	查看文本内容
grep 搜索文本文件名	搜索文本文件内容

【任务实施】 ▶ ·····················▶

计算平台的
软件安装

仪器设备及工具准备

1）设备：计算机、自动驾驶汽车开发平台。

2）工具：安装工具套件。

操作注意事项

1）在整个 Apollo 系统的操作过程中，禁用 root 账户进行操作。

2）启动盘制作时，必须选择 USB3.0 版本、16GB 以上的 U 盘。

任务实施内容

根据教师指导和所学知识，装配自动驾驶计算平台软件，并记录。

学　　院		专　　业		班　　级	
姓　　名		学　　号		日　　期	
指导教师					
作业前准备记录					

步骤	操作方法及过程记录	操作示意图
Ubuntu 系统安装	掌握 Ubuntu 系统下载与安装方法；掌握 Ubuntu 系统的基础使用技巧	
	登录 Ubuntu 官网下载系统镜像 注意：下载 Ubuntu 18.04 及以上版本系统 是否完成：□是　□否	

（续）

步骤	操作方法及过程记录	操作示意图
Ubuntu 系统安装	使用 U 盘、系统盘将已下载的系统镜像制作成启动盘 是否完成：□是　□否	
	将启动盘连接工控机，完成系统安装 是否完成：□是　□否	
Ubuntu 系统优化	正确更换软件源 是否完成：□是　□否	
Apollo 平台搭建	配置 Linux 系统 安装 4.8 版本的 gcc 和 g++命令：＿＿＿＿＿＿＿＿＿＿＿＿＿＿＿＿＿＿＿＿＿＿＿＿＿＿＿＿ 检查 gcc 和 g++版本命令：＿＿＿＿＿＿＿＿＿＿＿＿＿＿＿＿＿＿＿＿＿＿＿＿＿＿＿＿ 注意：如非本实验或操作系统要求，禁用一切 sudo 操作 是否完成：□是　□否	
	升级 Apollo 源代码 更新命令：＿＿＿＿＿＿＿＿＿＿＿＿＿＿＿＿＿＿＿＿＿＿＿＿＿＿＿＿ 是否完成：□是　□否	
	设置 Apollo 编译环境，设置环境变量 是否完成：□是　□否 将账户加入 docker 账户组中并赋予其相应权限 是否完成：□是　□否 正确加载 docker 的 image 镜像 是否完成：□是　□否	
	编译 Apollo 源代码 是否完成：□是　□否	

（续）

步骤	操作方法及过程记录	操作示意图
Apollo 平台检验	启动系统终端，启动 Apollo Dreamview 界面 □正常 □故障，简要分析故障原因并排查：_____	

【评价反馈】

序号	作业内容	配分	作业项目	扣分	得分	备注
1	Ubuntu 系统安装	30	□掌握 Ubuntu 系统的下载与安装方法 □熟知 Ubuntu 系统基础的使用技巧 □正确制作启动盘			如有未完成的项目，根据情况酌情扣分
2	Ubuntu 系统优化	20	□正确更换软件源 □正确打开并更换 sources. list 文件			
3	Apollo 平台搭建	40	□正确配置 Linux 系统 □正确输入升级 Apollo 源代码命令 □正确设置 Apollo 编译环境 □正确编译 Apollo 源代码			
4	Apollo 平台检验	10	□正确启动终端，进入 Apollo Dreamview 界面			
			合计			

【课后测评】

一、填空题

1. Linux 操作系统的体系结构包括（　　　　）、Shell 层、应用层。

2. Linux 操作系统的基本思想是（　　　　）。

3. 指令 mkdir aaa 的含义是（　　　　）。

二、选择题

1. （单选）在 Ubuntu 中，删除文件用（　　）指令。

A. mkdir　　　　　　B. rmdir　　　　　　C. rm　　　　　　D. ls

2. （单选）指令 touch 的作用是（　　）。

A. 创建一个空白文件　　　　　　B. 删除文件

C. 修改文件　　　　　　D. 查看文件

3. （多选）为什么绝大多数的软件系统都是基于 Linux 操作系统开发的？（　　）

A. Linux 操作系统具有高性能特性　　　　B. Linux 操作系统具有高安全性能

C. Linux 操作系统是开源的　　　　　　D. Linux 操作系统是自由软件

4. （多选）指令 ls 执行"当前路径下的所有文件和文件夹"功能，涉及参数为（　　）。

A. -a 全部文件　　　　　　B. -d 只显示目录

C. -l 详细信息   D. ps；exit

5.（多选）指令 mv 的作用是（   ）。

A. 移动一个文件   B. 给文件（目录）改名

C. 创建新的打包文件   D. 复制一个文件

三、简答题

1. 简述 Linux 操作系统的优缺点。

2. 简述 Linux 操作系统的体系结构。

项目 **4**

底盘线控系统的认知与安装

【学习目标】

素质目标：

1）培养诚信守规、严慎细实的工作作风。
2）培养爱岗敬业精神和团队协作意识。
3）养成自主学习和实践探索的职业能力。

知识目标：

1）熟知线控驱动、线控转向及线控制动系统的定义、组成和特点。
2）理解线控驱动、线控转向及线控制动系统的工作原理和应用。

能力目标：

1）能够对照底盘电器原理图正确连接电路，合理布置检测环境。
2）具备对汽车线控底盘各系统安装、调试和维护的能力。
3）能计算和解析车载 CAN 总线通信报文。

任务 4.1   线控驱动系统的认知与安装

【任务描述】

近年来，随着汽车电动化与智能化的不断发展，汽车底盘正经历着从传统底盘、电动底盘到线控底盘的技术变革。所谓线控，是指通过传感器采集驾驶人的制动或转向等意图，由控制单元综合决策并将控制指令以电信号的形式输入给最终的执行机构。线控底盘系统主要包括三大部分：线控驱动系统、线控转向系统和线控制动系统。下面我们通过学习理论知识和动手安装实践，来认识线控驱动系统。

【知识准备】

汽车最早使用纯机械连接进行制动、转向等操纵控制，后来为了让驾驶人操作省力和提高控制效果，发展出了机械液压控制、电子液压控制和电子机械控制等技术。随着汽车"新四化"浪潮的迅猛发展，线控技术快速兴起，传统的机械和液压装置逐步被导线和电子元器件取代，通过电信号实现车辆控制成为主流。线控技术省去了复杂的机械传动装置和液压管路，具有更快的反应速度和更高的控制精度，被公认为智能网联汽车未来的关键技术。底盘线控系统的主要组成如图 4-1 所示。

图 4-1　底盘线控系统的主要组成

一、线控驱动系统认知

　　智能网联汽车线控驱动系统主要由驱动电机、电机控制器、加速踏板、换档旋钮、整车控制器和部分机械传动装置等构成，如图 4-2 所示。

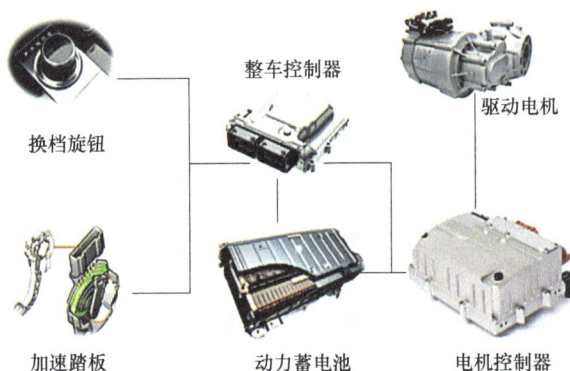

图 4-2　智能网联汽车线控驱动系统的组成

　　整车控制器通过采集车内各传感器的信号，包括加速踏板信号、档位以及车速等信息，进行分析计算，做出相应决策，然后向底层各部件控制器发送控制信号，以确保汽车正常行驶，电机控制器根据收到的整车控制器的指令，将动力蓄电池的电能转化为驱动电机所需的机械能，以控制车辆的行驶速度。驱动电机在加速时提供车辆动力，在减速时实现回馈制动。

　　基于线控加速踏板技术，线控驱动系统可根据驾驶人是否直接控制车辆分为人工驾驶模式和自动驾驶模式。在人工驾驶模式中，整车控制器通过接收换档旋钮信号和加速踏板上的传感器信号等，判断车辆行驶方向和行驶速度，随后通过车载总线向电机控制器发送控制命令，调控驱动电机的旋转，如图 4-3 所示。

　　自动驾驶模式的控制流程是计算平台接收各类传感器数据，判断车辆行驶方向和行驶速度等，通过车载总线发送给整车控制器（Vehicle Control Unit，VCU），VCU 经过计算再通过车载总线发送

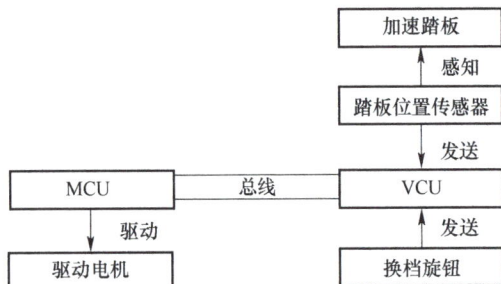

图 4-3　线控驱动系统人工驾驶模式控制流程

给电机控制器（Motor Control Unit，MCU），控制驱动电机的旋转，如图 4-4 所示。

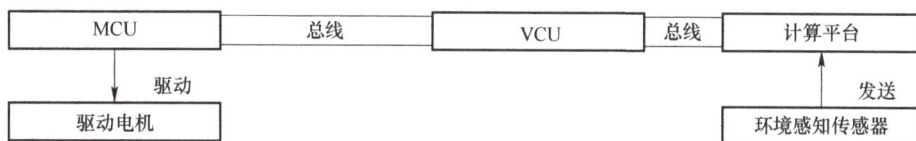

图 4-4 线控驱动系统自动驾驶模式的控制流程

驱动系统是汽车的动力来源，其性能直接影响着汽车的运行表现。在传统的燃油汽车中，发动机产生的动力经过一系列传动装置，包括离合器、变速器、万向传动装置（由万向节与传动轴组成），以及安装在驱动桥中的主减速器、差速器和半轴等，传递到驱动车轮，实现汽车的行驶。在行驶过程中，驾驶人通过加速踏板控制发动机的动力输出，从而调整车速。

传统加速踏板系统通常通过拉杆或拉索直接操控发动机的节气门开度，实现加速大小的调控，其结构如图 4-5 所示。这种控制方式具有结构简单、响应迅速的优势，但是其控制精度不高，对燃油经济性的影响较大，对发动机也有损害，且不利于环保。

为改善传统加速踏板系统的性能，实现对节气门开度的精准控制，线控加速踏板系统得到了研发和推广。线控加速踏板系统的加速踏板单元通过感应踏板位置传感器采集信号，然后将这些信号传送至发动机电控单元，发动机电控单元在计算后获得最优的节气门开度，并通过控制电子节气门

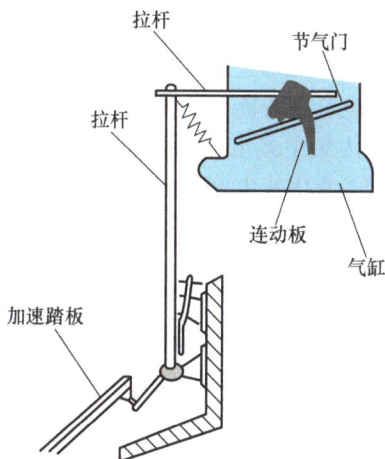

图 4-5 传统加速踏板系统结构

上的步进电动机和齿轮机构来实现对节气门开度的调整。燃油汽车和混合动力汽车线控加速踏板系统的组成如图 4-6 所示。

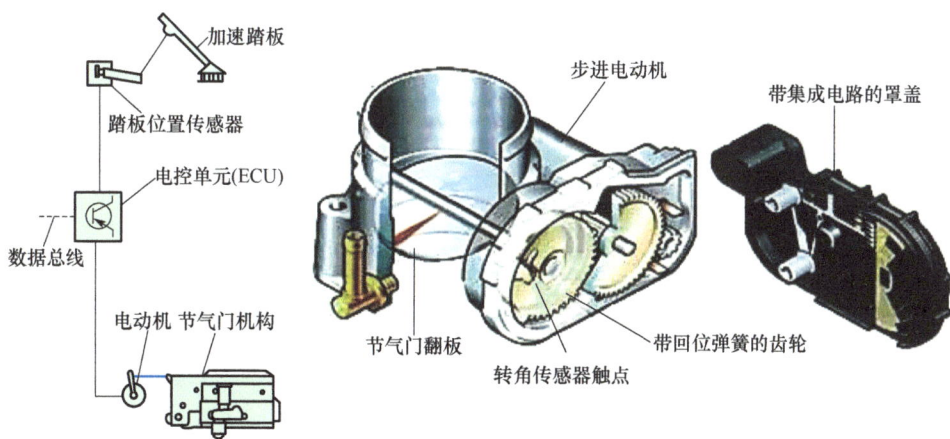

图 4-6 燃油汽车和混合动力汽车线控加速踏板系统的组成

随着汽车电动化的发展，传统的"发动机+变速器"驱动系统逐渐被"驱动电机+电机控制器+减速器"的纯电动汽车驱动系统所取代。在纯电动汽车的驱动过程中，加速踏板开度信号与车速、纵向加速度等信号一同传递至 VCU，VCU 经过综合计算分析，通过车载总线向 MCU 发送驱动电机

目标转矩信息，MCU 进而调控驱动电机的旋转。这一过程通过减速器、传动轴、差速器、半轴等机械传动装置最终传递至驱动车轮，推动汽车行驶。在电动汽车减速时，驱动电机向车辆施加制动力，此时驱动电机处于发电运行状态，能够为动力蓄电池充电，实现制动能量回馈。纯电动汽车线控加速踏板系统的组成如图 4-7 所示。

二、线控驱动系统的现状及发展趋势

在燃油汽车领域，线控加速踏板系统已广泛取代传统加速踏板系统，成为多数量产车型的标配。在智能新能源汽车领域，驱动方案主要分为集中式电驱动和分布式电驱动两大类。目前，集中式电驱动方案是市场的主流，它又可分为单电动机驱动结构和双电动机驱动结构；但是以轮边电动机和轮毂电动机为代表的分布式电驱动是未来的技术发展方向。

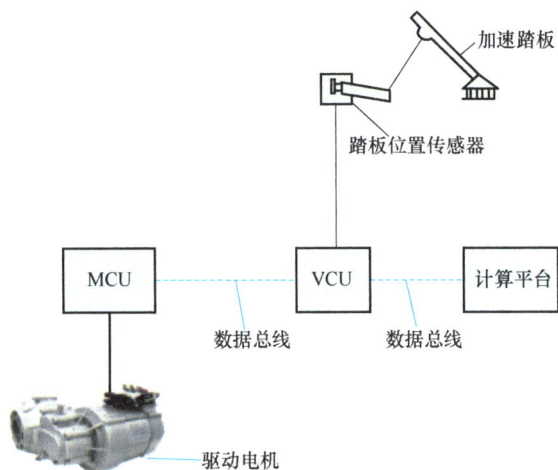

图 4-7　纯电动汽车线控加速踏板系统的组成

集中式电驱动的布置形式如图 4-8 所示。单电动机驱动结构主要包括电动机、减速器、传动半轴和差速器等组件，无须使用离合器和变速器，因此整个驱动系统结构紧凑、体积小。双电动机驱动结构同样由电动机、减速器、传动半轴等组成，通过驱动单元同时驱动两侧车轮，从而提供较大的转矩。对于双电动机驱动方案，通常通过电子程序来控制两轮之间的差速，以实现精确的转向控制。

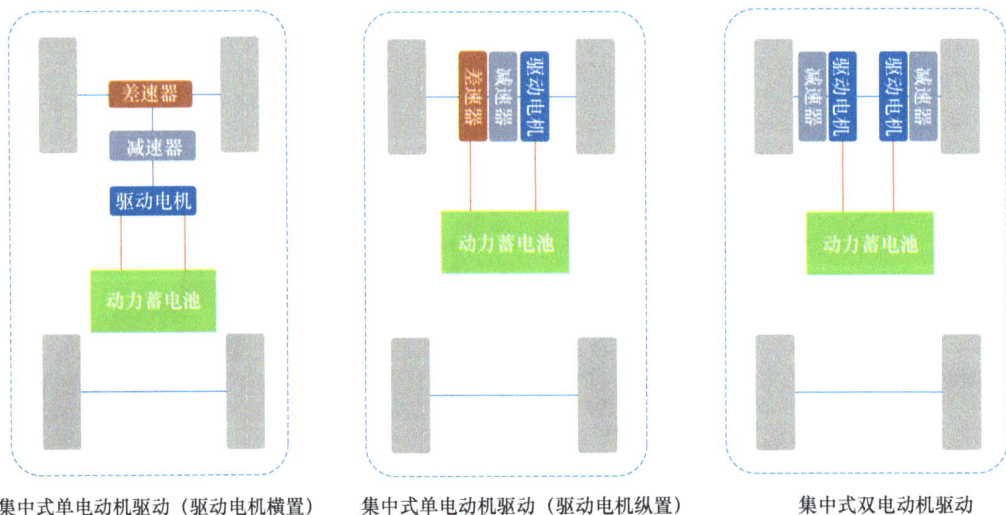

图 4-8　集中式电驱动布置形式

分布式电驱动布置形式如图 4-9 所示。轮边电动机驱动系统采用"电动机+减速器"组合，以独立驱动每个驱动轮。电动机并非内置于车轮内部，而是与具有固定速比的减速器一同安装在车架上，减速器的输出轴通过万向节与车轮半轴相连接，从而推动车轮。在轮毂电动机驱动系统中，外转子式采用低速外转子电动机，不需要减速装置，其转子直接驱动车轮，使车轮的转速与电动机转速一致；而内转子式则采用高速内转子电动机，并在电动机与车轮之间配置了具有固定传动比的减速器。

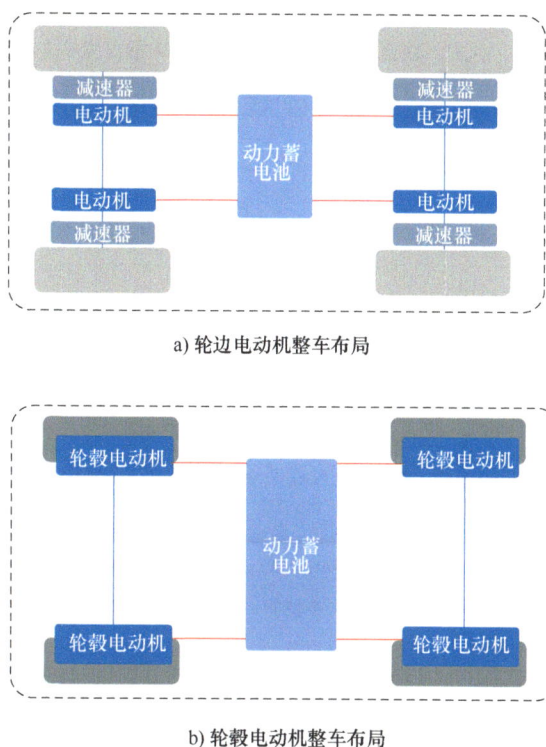

a) 轮边电动机整车布局

b) 轮毂电动机整车布局

图 4-9　分布式电驱动布置形式

尽管分布式电驱动系统具有底盘结构大幅简化、适配车型范围广、传动效率高等优点，但受技术成熟度的制约，该系统目前仍存在车辆稳定性不足的问题。当车辆运行于复杂环境中时，还需面临散热、抗振和防尘等多方面的挑战。

三、线控驱动系统的通信原理

目前，线控底盘上的通信以 CAN 总线技术为主。CAN 总线的基本组成包括若干节点（电控单元）、数据传输线（CAN-H 和 CAN-L）及终端电阻，如图 4-10 所示。

CAN 总线采用双向串行结构，使用抗干扰能力较强的双绞线来实现数据传输。CAN 总线上的每个节点能够独立完成数据交换和测控任务，执行诸如数据的"打包/解包""验收""滤波"及"信号转换"等功能。终端电阻的作用在于防止信号在传输线终端产生反射波，确保传输数据不受到干扰。

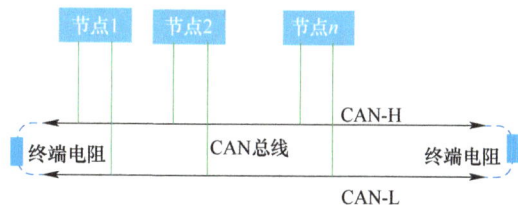

图 4-10　CAN 总线的总体构成

CAN 报文的编码格式有两种：Motorola 格式与 Intel 格式。当一个信号的数据长度不超过 1Bype 且信号在 1Bype 内实现时，两种格式编码没有区别；当一个信号的数据长度超过 1Bype 时，Motorola 格式是先传输数据的高字节部分，再传输数据的低字节部分；Intel 格式是先传输数据的低字节部分，再传输数据的高字节部分。

下面以某 L3 自动驾驶实验平台为例，介绍自动驾驶模式下的报文计算与解析。计算平台与 VCU 之间的通信速率为 500kbit/s，报文采用 Intel 格式，帧格式为标准帧。该平台的计算平台、VCU、底盘线控系统之间的 CAN 报文发送与接收的 ID 地址见表 4-1。

表 4-1　计算平台、VCU、底盘线控系统之间的 CAN 报文发送与接收的 ID 地址

线控系统	发送	接收	ID（地址）
线控驱动	计算平台	VCU	0x110
	VCU	计算平台	0x101/0x102/0x103
线控转向	VCU	EPS-ECU	0x314
	EPS-ECU	VCU	0x18F
线控制动	VCU	EHB-ECU	0x364
	EHB-ECU	VCU	0x289

计算平台向 VCU 发送 CAN 报文的协议见表 4-2。

表 4-2　计算平台向 VCU 发送 CAN 报文的协议（ID：0x110，周期：100ms）

字节		定义	格式
Byte0	bit7~bit6	档位	0x00：P 位；0x01：R 位；0x02：N 位；0x03：D 位
	bit5	使能信号	0：不使能；1：使能
	bit4	保留	0（默认）
	bit3	喇叭	0：关闭；1：打开
	bit2	倒车灯	0：关闭；1：打开
	bit1	近光灯	0：关闭；1：打开
	bit0	轮廓灯	0：关闭；1：打开
Byte1	低字节	目标车速	有效值范围：0~2200（表示 0~220km/h）；最小计量单元：0.1km/h；0xFF，0xFE 表示异常；0xFF，0xFF 表示无效
Byte2	高字节		
Byte3		预留	0x00（默认）
Byte4	低字节	转向角度	角度旋转到当前数值对应的角度（-720°~720°，逆时针旋转为正，顺时针旋转为负，0° 为对应中点位置）
Byte5	高字节		
Byte6	bit7~bit1	制动压力行程请求	压力行程请求，最大行程点为 125，最小行程点为 0，单位为个（当前将行程分为 125 个点）
	bit0	制动使能	1：使能制动；0：不使能制动
Byte7		预留	0x00（默认）

报文计算示例：

若设置车辆档位为 D 位，目标车速为 50km/h，所有车灯关闭，不鸣笛，顺时针转向 100°，制动压力行程为 50 个，则计算平台向 VCU 发送的 CAN 报文计算如下：

1）Byte0 用来设置灯光、喇叭、使能信号和档位。所有车灯关闭，bit0 为 0，bit1 为 0，bit2 为 0；不鸣笛，bit3 为 0；bit4 保留，默认为 0；档位为 D 位，bit7~bit6 为 0x03（十六进制），即 11（二进制）；使能信号，bit5 为 1；故 Byte0 为 11100000，即 0xE0（十六进制）。

2) Byte1 ~ Byte2 用于设置目标车速。此时，目标速度为 50km/h，先计算车速有效值 50 ÷ 0.1 = 500，再转换成 2 个字节的十六进制数，为 0x01F4，因 Byte1 为低字节，Byte2 为高字节，则 Byte1 为 0xF4，Byte2 为 0x01，故此时的 Byte1 ~ Byte2 为 0xF401。

3) Byte3 预留，默认为 0x00。

4) Byte4 ~ Byte5 用来设置转向角度。此时，转向角度为 −100°，需要先将 −100 进行转换，即 $2^{16} - 100 = 65436$，再将数值 65436 转换成 2 个字节的十六进制数，为 0xFF9C，同理，根据 Byte4 和 Byte5 的字节高低情况，得到此时的 Byte4 ~ Byte5 为 0x9CFF。

5) Byte6 用来设置制动使能和制动压力请求。制动压力行程为 50 个，数值 50 转换成二进制为 00110010，则 bit7 ~ bit1 为 0110010，使能制动则 bit0 为 1，故 Byte6 为 01100101，转换成十六进制数为 0x65，得到 Byte6 为 0x65。

6) Byte7 预留，默认为 0x00。

最后，按顺序写出上述报文 E0F401009CFF6500，即发送该报文可实现设置车辆档位为 D 位，目标车速为 50km/h，车灯关闭，不鸣笛，顺时针转向 100°，制动压力行程为 50 个。

VCU 向计算平台发送 CAN 报文的协议 ID 有 3 个，下面以 ID 为 0x101 的通信协议为例，说明如何进行报文解析，其通信协议见表 4-3。

表 4-3 VCU 向计算平台发送 CAN 报文的协议（ID：0x101，周期：100ms）

字节		定义	格式
Byte0	bit7	预留	0（默认）
	bit6 ~ bit5	车辆状态	0x00：正常；0x01：一级警告；0x02：二级警告；0x03：三级警告
	bit4 ~ bit2	档位	0x00：P 位；0x01：R 位；0x02：N 位；0x03：D 位
	bit1 ~ bit0	驾驶模式	0：人工控制模式（加速踏板+档位）；1：自动模式（线控）；2：遥控器调试模式
Byte1	低字节	当前角度	角度旋转到当前数值对应的角度（−720° ~ 720°），逆时针旋转为正，顺时针旋转为负，0° 为对应中点位置
Byte2	高字节		
Byte3		驱动电机状态	0x01：耗电；0x02：发电；0x03：关闭状态；0x04：准备状态；0xFE 表示异常，0xFF 表示无效
Byte4	低字节	车速	有效值范围：0~2200（表示 0~220km/h）；最小计量单元：0.1km/h
Byte5	高字节		0xFF，0xFE 表示异常；0xFF，0xFF 表示无效
Byte6	低字节	驱动电机转矩	有效值范围：0~65531；数值偏移量−20000，表示−2000~4553.1N·m；最小计量单元：0.1N·m
Byte7	高字节		0xFF，0xFE 表示异常；0xFF，0xFF 表示无效 备注：前进时转矩为正值，倒车时转矩为负值

报文解析示例：

若 VCU 向计算平台发送 CAN 报文时，调试软件反馈的报文如下：

CAN 口	传输方向	时间标识	帧 ID	帧格式	帧类型	数据长度	数据 HEX
CAN2	接收	08：01：01	0x101	数据帧	标准帧	8B	0598FE012C01BC4D

则此时，帧 ID 为 0x101，VCU 向计算平台发送 CAN 报文的协议见表 4-3，报文解析如下：

1）Byte0 为 0x05，转换成二进制为 00000101，即 bit7～bit0 为 00000101，故 bit1～bit0 为 01，表示驾驶模式为自动模式；bit4～bit2 为 001，即 0x01，表示档位为 R 位；bit6～bit5 为 00，即 0x00，表示车辆状态正常；bit7 为预留位，默认为 0。

2）Byte1～Byte2 为 0x98FE，进行高低字节变换为 0xFE98，转换成十进制为 65176，超出 $-720°～720°$，故转角为负值，$2^{16}-65176=360$，表示转向角为顺时针 360°。

3）Byte3 为 0x01，表示驱动电机处于耗电状态。

4）Byte4～Byte5 为 0x2C01，进行高低字节变换为 0x012C，转换成十进制为 300，乘以最小计量单元，即车速为 $300×0.1km/h=30km/h$。

5）Byte6～Byte7 为 0xBC4D，进行高低字节变换得到驱动电机转矩的十六进制值为 0x4DBC，换算成十进制为 19900，进行数值偏移计算后为 $19900-20000=-100$，乘以最小计量单元，即此时驱动电机的转矩为 $-100×0.1N·m=-10N·m$。

综上，该报文表明车辆当前为自动模式，状态正常，R 位，车速为 30km/h，驱动电机耗电，顺时针旋转 360°，转矩为 $-10N·m$。

【知识拓展】 ▶

全球数字化转型中的中国推动力——华为 5G 技术

5G 技术是第五代移动通信技术的简称，是一种全新的通信技术体系。相比于 4G 技术，5G 技术具有更高的传输速率、更低的时延和更大的连接密度，可以实现更多设备的同时连接和更快的数据传输。

在智能化时代，5G 技术被认为是实现数字经济、智能交通、智慧医疗等领域突破的关键技术。它将为各行各业带来巨大的机遇和变革，推动社会经济的快速发展。

作为全球领先的通信设备制造商，华为在 5G 技术领域取得了重大突破。华为 5G 技术的突出特点在于其领先的技术实力和全球化的布局，其在 5G 技术的研发上投入了大量的人力和物力，不断推动技术的创新和突破。华为的 5G 技术研发团队由世界顶级的专家组成，他们不断探索新的技术路径，推动 5G 技术的发展。

华为在全球范围内建立了完善的研发和生产基地，形成了一个全球化的技术创新体系，其技术创新不仅仅局限于中国，还涉及全球范围内的合作伙伴和客户。这样的全球化布局使得华为能够更好地应对国际市场的需求，并为各国的 5G 建设提供全方位的支持。

华为 5G 技术对社会经济的影响是多方面的。首先，5G 技术将带来更快、更稳定的网络连接，推动数字经济的发展。无论是电子商务、云计算还是人工智能，都需要高速稳定的网络支持，而 5G 技术正好能够提供这样的网络环境。其次，5G 技术将加速传统行业的智能化转型。如智能交通领域中，5G 技术有助于实现车辆之间的互联互通，实现智能驾驶；智慧医疗领域中，5G 技术有助于实现医疗设备的远程操作和医生的远程会诊；智慧农业领域中，5G 技术有助于实现农田的精准浇灌和农作物的智能监测。这些智能化的转型将提升传统行业的效率和产能。5G 技术还将推动城市的智慧化建设。通过 5G 技术，城市将实现各种设备之间的互联互通，形成一个智能化的生态系统。如智慧能源领域中，5G 技术有助于实现电力的智能分配和调度；智慧安防领域中，5G 技术有助于实现视频监控的智能分析和预警。这些智慧化的建设将提升城市的管理和服务水平。

课后调研：请通过阅读书籍或者互联网搜索，调研还有哪些"中国创造"的故事？你对此有何看法或收到哪些启发？请与同学相互交流。

【任务实施】

仪器设备及工具准备

1）设备：自动驾驶汽车开发平台、线控底盘调试平台。
2）工具：拆装工具套件、万用表。

操作注意事项

1）着工装、做好安全防护。
2）正确使用拆装工具。
3）正确连接车辆、调试平台连线。

任务实施内容

根据教师指导和所学知识，安装线控底盘驱动部分零部件，并记录。

线控驱动系统
的认知与安装

学　院		专　业		班　级	
姓　名		学　号		日　期	
指导教师					
作业前准备记录					

步骤	操作方法及过程记录		操作示意图
	了解线控驱动后桥的组成，查阅线控驱动后桥相关组成零部件，并对其功能及参数进行简单描述		
认识线控驱动后桥的组成器件	器件名称	功能作用	相关参数
安装线控驱动后桥各零部件	安装左传动轴固定盘与电动机、左传动轴与后桥叉 是否完成：□是　□否		
	安装右传动轴固定盘与电动机、右传动轴与后桥叉 是否完成：□是　□否		

（续）

步骤	操作方法及过程记录	操作示意图	
检查线控驱动后桥安装情况	检查左传动轴固定盘与电动机之间的间隙是否符合要求：	□是	□否
	检查右传动轴固定盘与电动机之间的间隙是否符合要求：	□是	□否
	检查左传动轴与后桥叉连接间隙是否符合要求：	□是	□否
	检查右传动轴与后桥叉连接间隙是否符合要求：	□是	□否
	左传动轴是否可轻松转动： □是 □否		
	右传动轴是否可轻松转动： □是 □否		
	单边转动传动轴时，另一边是否以相同速度反方向转动：□是 □否		
6S 管理	整理、整顿、清扫、清洁、素养、安全		

【评价反馈】 ▶ ••••••••••••••••••••••••••••••••••••• ▶

序号	作业内容	配分	作业项目	扣分	得分	备注
1	认识线控驱动后桥的组成器件	30	□熟知线控驱动桥的结构、特性、功能 □理解线控驱动桥的工作原理 □查阅线控驱动桥相关零部件的功能			如有未完成的项目，根据情况酌情扣分
2	安装线控驱动后桥各零部件	30	□确认线控驱动桥各零部件安装位置 □正确安装传动轴、电动机及相关零部件			
3	检查线控驱动后桥安装情况	30	□传动轴固定盘与电动机之间间隙合理 □传动轴与后桥叉之间连接间隙合理 □左、右传动轴转动正常			
4	6S 管理	10	□6S 管理：整理、整顿、清扫、清洁、素养、安全			
	合计					

【课后测评】 ▶ ••••••••••••••••••••••••••••••••••••• ▶

一、填空题

1. 加速踏板单元是通过（　　　　）采集加速踏板踩踏深浅与快慢的信号，从而实现踏板功能的电子控制，这个信号会被电控单元接收和解读，然后再发出控制指令，控制行驶速度。

2. 智能网联汽车/纯电动汽车的线控加速踏板系统，驱动系统能量由（　　　　）提供，这时加速踏板控制的是驱动电机的转矩和转速，它和计算平台、VCU、MCU 等一同实现车辆的加减速。

3. 智能网联汽车的线控驱动系统由驱动电机、（　　　　）、加速踏板、换档旋钮和（　　　　）等构成。

4. 在选用人工驾驶模式时，VCU 通过接收换档旋钮信号、加速踏板上的传感器信号等，判断汽车行驶方向和行驶速度，然后通过（　　　　）向（　　　　）发送控制命令，控制驱动电机的转向和转速，并经机械传动装置驱动车轮使车辆行驶。

5. ( ) 是线控驱动系统中的核心部件，可以将电能转化为机械能。

二、选择题

1. (单选) 当选用人工驾驶模式时，驾驶人通过换档旋钮将 ( ) 传递给电控单元，电控单元处理信号后将指令发给驱动电机，实现 D 位、R 位、N 位、P 位的转换。

A. 制动信号　　　　B. 换档信号　　　　C. 加速信号　　　　D. 转向信号

2. (单选) Drive-by-wire 被称为 ( )。

A. 线控转向技术　　　　　　　　B. 线控制动技术

C. 线控驱动技术　　　　　　　　D. 自动驾驶技术

3. (单选) 电机控制器的作用是控制自动驾驶汽车的起动运行、进退速度、爬坡力度等行驶状态，或者将帮助自动驾驶汽车制动，并将部分制动能量存储到 ( ) 中。

A. 驱动电机　　　B. 动力蓄电池　　　C. 飞轮　　　　　D. 以上都不对

4. (单选) 当用户需要使汽车切换档位、加速、减速时，( ) 发送对应控制信号至电机控制器，电机控制器根据信号来控制驱动电机的转动方向和速度，以执行加速、减速、倒车等一系列动作。

A. VCU　　　　　B. BMS　　　　　C. 计算平台　　　D. 传感器

5. (单选) 在选用自动驾驶模式时，( ) 通过接收的各环境传感器反馈的信号，判断汽车行驶方向、行驶速度等，通过 CAN 总线发送给 VCU，VCU 经计算后再通过 CAN 总线发送给电机控制器，控制驱动电机的转向和转速，并经机械传动装置驱动车轮使车辆行驶。

A. VCU　　　　　B. BMS　　　　　C. 计算平台　　　D. MCU

三、简答题

1. 简述整车控制器的主要作用。

2. 描述线控驱动系统的工作过程。

3. 线控加速踏板技术可以为驾驶人带来哪些便利？

任务 4.2　线控转向系统的认知与安装

【任务描述】

转向系统是用来改变或保持汽车前进或倒退方向的一系列装置。线控转向系统的组成和工作原理是什么样的呢？下面我们通过学习理论知识和动手安装实践来认识线控转向系统。

【知识准备】

一、转向系统认知

转向系统的演变经历了以下几个阶段：机械转向系统、液压助力转向 (Hydraulic Power Steering，HPS) 系统、电子液压助力转向 (Electro-Hydraulic Power Steering，EHPS) 系统、电动助力转向 (Electric Power Steering，EPS) 系统和线控转向 (Steering By Wire，SBW) 系统，其发展历程如图 4-11 所示。

随着技术的进步，机械转向系统已经被其他几种转向系统替代。液压助力转向系统主要由液压泵、油管和储油罐等组成。该系统将发动机部分的动力输出转化成液压泵压力，向转向系统提供辅助力，以实现轮胎转向。液压助力转向系统组成如图 4-12 所示。电子液压助力转向系统的组成如图 4-13 所示。

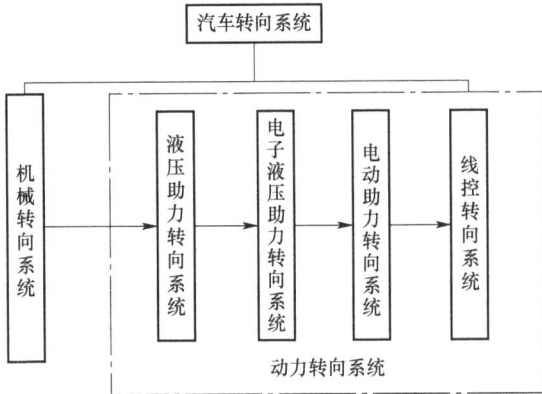

图 4-11　转向系统发展历程

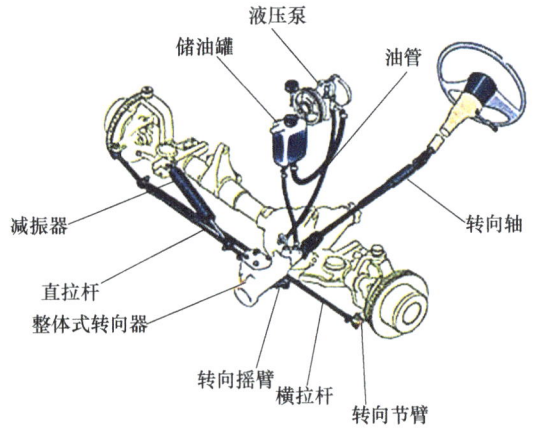

图 4-12　液压助力转向系统的组成

电动助力转向系统是一种依赖电动机直接提供转向辅助力矩的动力转向系统。相较于传统的液压助力转向系统，电动助力转向系统具备结构紧凑、质量小、辅助转向力矩可通过软件调整、能耗低等优势。该系统的主要组成包括转矩传感器、ECU、电动机、离合器、减速机构和齿轮齿条转向器等，如图 4-14 所示。

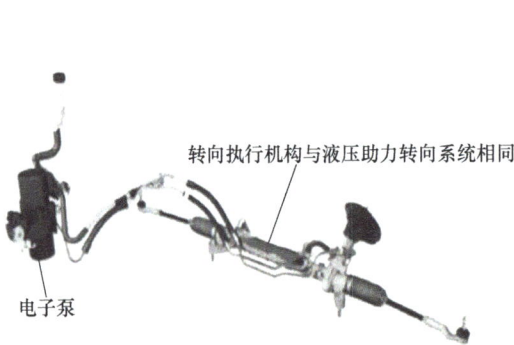

图 4-13　电子液压助力转向系统组成

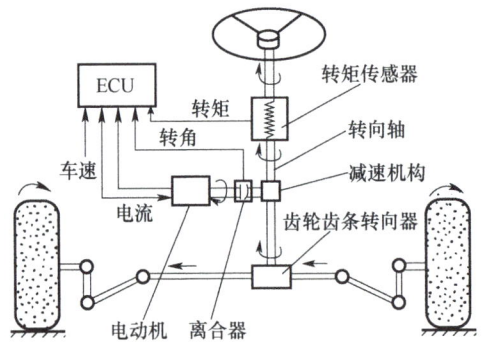

图 4-14　电动助力转向系统组成

转矩传感器与转向轴紧密连接，当转向轴发生旋转时，转矩传感器启动工作，将由输入轴和输出轴在扭杆作用下引起的相对转动角位移转化为电信号，并将其传递给电控单元（ECU）。ECU 基于转角传感器、转矩传感器和车速传感器的信号，确定电动机的旋转方向和助力电流的大小，从而实现对助力转向的实时控制。

线控转向系统是在电动助力转向系统的基础上演进而来的，它同样通过电动机提供助力，但取消了转向盘与转向车轮之间的机械连接部件。这一改进完全摆脱了机械零件的限制，使转向完全由电能控制，实现了机械系统难以优化的角传递特性，提升了汽车的操纵性。在线控转向系统中，驾驶人的操纵动作通过传感器转化为电信号，直接传输到转向执行机构。线控转向系统具有舒适性好、响应速度快、与车道保持辅助功能配合更好等优点，是未来智能网联汽车转向系统的主流趋势。然而，由于取消了机械零件的直接连接，线控转向系统还需要考虑系统失效下的冗余机制。通常情况下，当线控转向系统 ECU 发生错误或故障时，故障处理模块会根据故障的形式与等级采取相应的措施，以确保驾驶人及时发现故障并保持安全行驶。

电子液压助力转向、电动助力转向及线控转向三种转向系统的对比见表4-4。

表 4-4　三种转向系统的对比

性能参数	电子液压助力转向系统	电动助力转向系统	线控转向系统
助力性能	中等	较好	最优
环保特性	较差	好	好
电子集成度	差	较好	好
安装维护	复杂	易于安装	复杂
是否能自动转向	否	否	可以
是否能人工转向	可以	可以	可以
价格特性	低	低	高

二、线控转向系统的组成及工作原理

线控转向系统由转向盘模块、转向执行模块和线控转向系统 ECU 三个主要部分以及电源、故障容错系统等辅助系统（图中未画）组成，如图 4-15 所示。

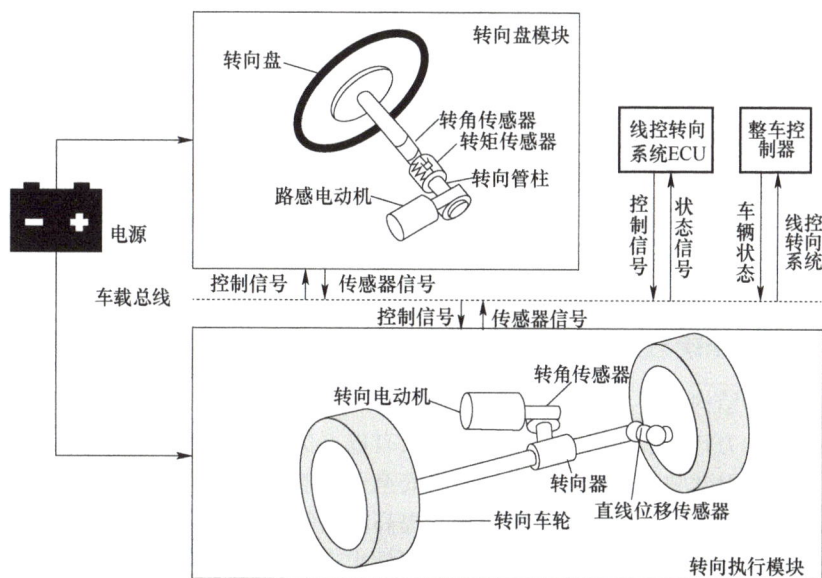

图 4-15　线控转向系统组成

转向盘模块的主要功能，一是将驾驶人转向意图转化为数字信号传递给线控转向系统 ECU 和整车控制器，二是路感电动机接收线控转向系统 ECU 产生的路感信号，提供路感信息。其中，转向盘用于接收驾驶人的转向操纵意图；转矩传感器和转角传感器分别用于采集转向盘输入的转矩、转角和转速信息；路感电动机及其减速器提供路感信息，输出转向盘的回正力矩。

转向执行模块的主要功能是接收线控转向系统 ECU 的命令，控制转向电动机实现要求的前轮转角，完成驾驶人的转向意图。其中，直线位移传感器采集转向器的直线位移信号，将其转换为转向轮转角信号；转角传感器用于采集转向电动机的转角信息；转向电动机及其减速机构用于克服转向阻力，带动转向轮旋转相应的角度。

线控转向系统 ECU 对采集的信号进行分析处理，判断车辆的行驶状态，向路感电动机和转向电动机发送命令，控制两个电动机协同工作。

电源为转向电动机、路感电动机、线控转向系统内部的所有控制器和其他车用电器提供电能。

故障容错系统主要功能是在线控转向系统发生故障时，提供冗余的安全保障。

当驾驶人转动转向盘时，转矩传感器和转角传感器分别将转矩和转角转变为电信号，通过车载总线传输至线控转向系统 ECU，ECU 结合车辆的其他状态信息，根据预设算法计算转角和转矩，并将该信号指令发送给转向电动机，带动转向执行模块实现转向。同时，线控转向系统 ECU 接收车轮转角传感器采集的信息，结合车辆的其他状态信息，将相应的力矩指令发送给路感电动机，模拟路面反馈信息，为驾驶人提供实时的路感。

当选择自动驾驶模式时，驾驶人转动转向盘的人工驾驶操作，将变为计算平台向整车控制器发送转向意图的自动驾驶操作，即计算平台判断汽车行驶状态，通过车载总线将转向指令发送给整车控制器，整车控制器经过计算后将指令通过车载总线发送给线控转向系统 ECU，线控转向系统 ECU 再通过计算后发送指令给转向电动机和路感电动机，从而控制汽车转向。

总体而言，线控转向系统的功能可分为转向执行和转向反馈两部分，如图 4-16 和图 4-17 所示。

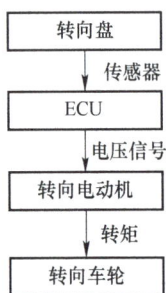

图 4-16　汽车转向执行　　图 4-17　汽车转向反馈

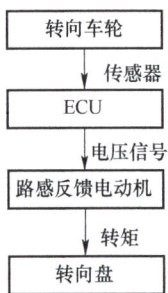

三、线控转向系统应用

线控转向系统的结构表明，转向盘和转向车轮之间无机械连接，而是通过车载总线进行信号连接。相对于传统动力转向系统，线控转向系统具有以下优势：取消转向柱等机械结构，可避免在碰撞事故中该结构对驾驶人造成伤害，提高了安全性；整车控制器可根据车辆当前行驶状态实时判断驾驶人操作的合理性，并做出适当调整，提高乘坐舒适性；取消机械结构后，能显著减小整车质量，减少油耗或电耗，同时降低了汽车零部件生产成本，提高了经济性；线控转向系统内部的所有控制器可与车辆的其他控制器通信，各控制器协同工作，提升了车辆操纵稳定性，提高了智能化程度。

然而，当前线控转向系统的应用仍存在技术上的难题，例如，如何确保足够的可靠性和鲁棒性。由于取消了机械结构，所有控制通过电信号实现，因此必须确保控制程序不会出错，否则将导致严重的交通事故。系统冗余备份是该技术难题的解决方案之一，如最早的量产线控转向系统——2015 年英菲尼迪 Q50 搭载的主动式线控转向系统。在正常工作状态下，该系统转向盘和转向机构之间没有机械连接，完全靠 ECU 之间传递的控制信号控制电动机实现转向和路感的模拟。当系统故障时，汽车通过离合器接合将转向盘和转向机构进行连接，此时线控转向系统变为机械转向系统，实现了系统的冗余。遗憾的是，后续英菲尼迪 Q50 搭载的这套线控转向系统遭遇了大规模召回，由此可见，线控转向的可靠性尚未达到大规模量产的要求。

尽管如此，由于线控转向系统具有独特的优势，随着汽车智能化的发展，多家厂商已推出自己的线控转向系统概念模型。然而，能够支持高级别自动驾驶功能的完全线控转向产品尚未实现量产。

四、线控转向系统的通信原理

驾驶人需进行转向时（设定转动角度为30°），整车控制器向电机控制器发送转角信息，以控制转向电动机（步进电动机）转动预定角度。然而，由于工作环境和机械结构等因素，实际转角可能存在一些偏差（如实际转动仅为29.6°）。在此情况下，转向电动机上的编码器可检测实际转动角度，并将该数据传输至整车控制器进行误差处理，通过对转动角度进行修正实现转角的闭环控制。

线控转向系统的通信主要涉及整车控制器（VCU）与转向系统电控单元（EPS ECU）之间的交互，包括 VCU 向 EPS ECU 发送转向指令以及 EPS ECU 向 VCU 发送转向转角、电动机电流等反馈信息。

以某 L3 自动驾驶实验平台为例，VCU 与 EPS ECU 之间的通信速率为 500kbit/s，报文采用 Intel 格式，帧格式为标准帧，VCU 向 EPS ECU 发送 CAN 报文的协议见表4-5，EPS ECU 向 VCU 发送 CAN 报文的协议见表4-6。协议的使用方法与表4-2、表4-3类似。

表 4-5　VCU 向 EPS ECU 发送 CAN 报文的协议（ID：0x314，周期：100ms）

字节		定义	格式
Byte0	bit7~bit4	预留	0000（默认）
	bit3	预留	0（默认）
	bit2	1-设置当前位置为"中位"；0为该命令失效	1：ECU 标定当前位置为角度中点，即 0°（bit2 生效的时候，bit0 为 0，Byte0 为 0x04）
	bit1	预留	0（默认）
	bit0	1-工作；0-停止	1：ECU 进入工作模式 0：ECU 进入停止模式
Byte1	低字节	角度控制	角度旋转到当前数值对应的角度（−720°~720°），逆时针旋转为正，顺时针旋转为负，0°为对应中点位置
Byte2	高字节		
Byte3~Byte7		预留	0x00000000（默认）

表 4-6　EPS ECU 向 VCU 发送 CAN 报文的协议（ID：0x18F，周期：100ms）

字节		定义	格式
Byte0	bit7~bit4	预留	0000（默认）
	bit3	ECU 温度状态	1：ECU 检测到 ECU 温度过高（≥90℃） 0：ECU 未检测到 ECU 温度过高
	bit2	故障检测状态	1：ECU 检测到故障 0：ECU 未检测到故障
	bit1	驱动部分状态	1：ECU 驱动部分烧毁 0：ECU 驱动部分正常
	bit0	1-工作 0-停止	1：ECU 当前为工作模式 0：ECU 当前为停止模式

（续）

字节		定义	格式
Byte1	低字节	角度	角度旋转到当前数值对应的角度（−720°~720°），0°为对应中点位置，偏移量为0
Byte2	高字节		
Byte3	低字节	电动机电流	有效范围为−60~60A，偏移量为0，精度为0.001A
Byte4	高字节		
Byte5		预留	0x00（默认）
Byte6		ECU温度	0~120℃，偏移量为0，精度为1℃
Byte7		预留	0x00（默认）

【任务实施】

线控转向系统
的认知与安装

仪器设备及工具准备
1）设备：自动驾驶汽车开发平台、线控底盘调试平台。
2）工具：拆装工具套件、万用表。

操作注意事项
1）着工装、做好安全防护。
2）正确使用拆装工具。
3）正确连接车辆、调试平台连线。

任务实施内容
根据教师指导和所学知识，安装线控底盘转向部分零部件并记录。

学　　院		专　　业		班　　级	
姓　　名		学　　号		日　　期	
指导教师					
作业前准备记录					

步骤	操作方法及过程记录		操作示意图
认识线控转向前桥的组成器件	了解线控转向前桥的组成，查阅线控转向前桥相关组成零部件，并对其功能及参数进行简单描述		
	器件名称	功能作用	相关参数

（续）

步骤	操作方法及过程记录	操作示意图
安装线控转向前桥各零部件	安装联轴器及转向机 是否完成：□是　□否	
	安装减振器及转向轮 是否完成：□是　□否	
检查线控转向前桥安装情况	联轴器之间的安装间隙：＿＿＿＿＿＿ 转向机左螺纹杆拧入圈数：＿＿＿＿＿＿ 转向机右螺纹杆拧入圈数：＿＿＿＿＿＿ 减振弹簧丝杆拧入圈数：＿＿＿＿＿＿ 安装转向轮后，车轮外倾角是否正常：　□是　　　□否 安装转向轮后，转动是否顺滑：　□是　　　□否	
6S 管理	整理、整顿、清扫、清洁、素养、安全	

【评价反馈】

序号	作业内容	配分	作业项目	扣分	得分	备注
1	认识线控转向前桥的组成器件	30	□熟知线控转向前桥的结构、特性、功能 □理解线控转向系统的工作原理 □查阅线控转向系统相关零部件的功能			如有未完成的项目，根据情况酌情扣分
2	安装线控转向前桥各零部件	30	□确认线控转向前桥各零部件安装位置 □正确安装转向机、转向轮及相关零部件			
3	检查线控转向系统安装情况	30	□联轴器之间的安装间隙正确 □转向机螺纹杆拧入圈数正确 □转向轮转动正常			
4	6S 管理	10	□6S 管理：整理、整顿、清扫、清洁、素养、安全			
			合计			

【课后测评】

一、填空题

1. （　　　　）接收来自电控单元的转向指令，根据指令控制转向轮转向。

2. 路感电动机的主要作用是（　　　　）。

3. 线控转向系统是在电动助力转向的基础上发展而来的，是通过（　　　　）提供助力，但是取消了转向盘与转向车轮之间的（　　　　）。

4. 转向盘用于接收驾驶人的转向操纵意图；（　　　　）和（　　　　）分别用于采集转向盘输入的转矩、转角和转速信息。

5. 线控转向系统由于取消了机械结构，所有的控制都通过（　　　　）实现，因此必须保证控制程序不会出错，否则将导致严重的交通事故。

二、选择题

1. （单选）用来改变或保持汽车前进或倒退方向的一系列装置称为（　　　）。
   A. 汽车转向系统　　　　B. 汽车制动系统　　　　C. 汽车驱动系统　　　　D. 汽车电控系统

2. （单选）线控转向系统主要由转向盘模块、（　　　）、线控转向系统 ECU 三个主要部分以及电源、故障容错系统等辅助系统组成。
   A. 转向执行模块　　　　B. 前轮制动模块　　　　C. 后轮制动模块　　　　D. MCU

3. （单选）（　　　）包括转向盘组件、转角传感器、转矩传感器、路感电动机。人工驾驶模式时，其主要功能是将驾驶人的转向意图（通过测量转向盘转角）转换成数字信号并传递给主控制器，同时主控制器向转向盘路感电动机发送控制信号，产生转向盘的反馈力矩，以提供给驾驶人相应的路感信息。
   A. 转向执行模块　　　　　　　　　　　B. 转向盘模块
   C. 故障容错系统　　　　　　　　　　　D. 线控转向系统 ECU

4. （单选）线控转向（SBW）系统通过（　　　）将转向指令传输至转向执行模块来进行转向动作，即采用人工驾驶模式时，把驾驶人转动转向盘的角度，经过传感器发送给 ECU，ECU 处理后将电子指令直接发送给转向电动机，转向电动机根据指令要求转动，从而使车轮转向。
   A. 模拟信号　　　　B. 机械信号　　　　C. 电信号　　　　D. 以上都不对

5. （多选）汽车线控转向系统由（　　　）三个主要部分以及电源、故障容错系统等辅助系统组成。
   A. 转向盘模块　　　　B. 转向执行模块　　　　C. 线控转向系统 ECU　　　　D. 真空助力器

三、简答题

1. 对比 HPS、EPS、SBW 三种转向系统的特点，说明其各自有哪些优缺点。
2. 绘制线控转向系统的系统结构图，并说明主要组成部分及各自的功能。

任务 4.3　线控制动系统的认知与安装

【任务描述】

制动系统是用于强制降低汽车行驶速度的一系列专用装置。线控制动系统与传统制动系统在组成和工作原理上有何不同？下面我们通过学习理论知识和动手安装实践，来认识线控制动系统。

【知识准备】

一、制动系统认知

制动系统的核心功能在于减速或使行驶中的汽车停车，并确保上坡或下坡行驶速度稳定，以及使已停车的汽车保持位置不变。按照作用分类，制动系统分为行车制动系统和驻车制动系统。行车制动系统的作用是使行驶中的车辆在最短时间内减速或停车；驻车制动系统的作用是使已经停止的汽车驻留在原地不溜车。

目前，行车制动器可分为两种类型：鼓式制动器和盘式制动器。鼓式制动器作为汽车最早采用的制动系统，结构相对简单，但散热效果差、制动反应慢、维护困难，如图 4-18a 所示。盘式制动器散热性能良好、制动力均匀、反应速度快、易于维护，因此成为当前乘用车主流的行车制动器，如图 4-18b 所示。

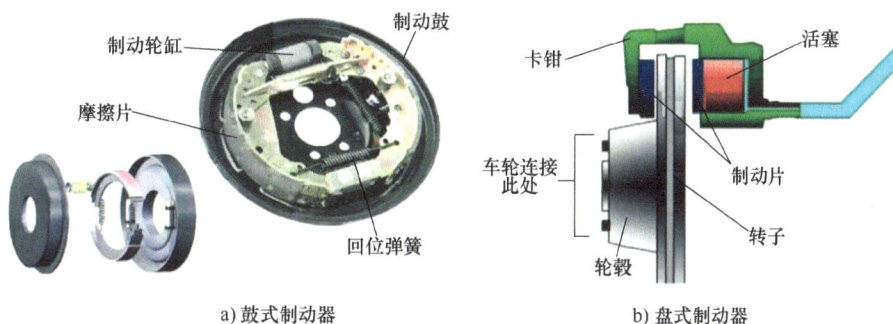

a) 鼓式制动器　　　　　　　　b) 盘式制动器

图 4-18　鼓式、盘式制动器结构

在传统制动系统中，当驾驶人踩下制动踏板时，该踏板传递制动力至真空助力器，真空助力器放大踏板施加的制动力，并将其转化为汽车制动系统制动主缸的油压。由于液压系统中使用的液压油不可压缩，制动主缸的压力通过液压油传递至制动卡钳内的活塞，活塞受到压力推动，使安装在卡钳内的制动片与旋转的制动盘发生摩擦，将动能转换为热能，从而使车辆减速并最终停车。传统制动系统工作原理如图 4-19 所示。

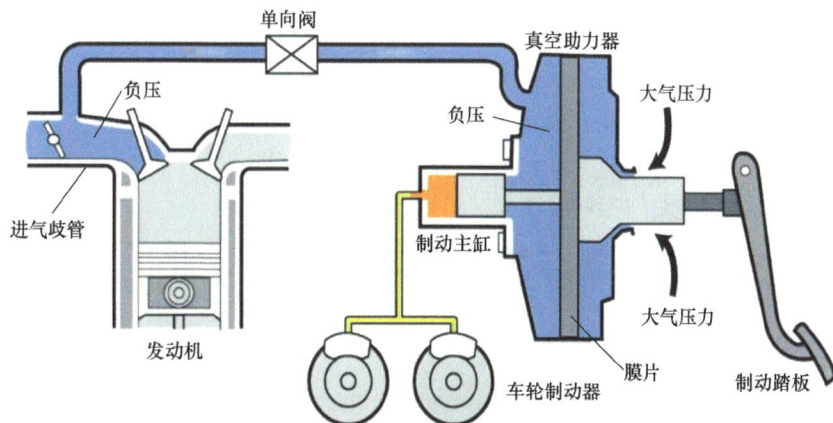

图 4-19　传统制动系统工作原理

二、线控制动系统的组成及工作原理

线控制动（Brake-By-Wire，BBW）系统是指采用电线替代部分或全部液压制动管路，通过电

信号在各 ECU 之间传递信息，以实现让执行机构产生制动力的系统。目前，线控制动系统主要分为两类：电子液压制动（Electro-Hydraulic Braking，EHB）系统和电子机械制动（Electronic Mechanical Braking，EMB）系统。

电子液压制动系统是从传统液压制动系统发展而来的，该系统以电子元件替代传统的机械零部件，实现了电子系统与液压系统的融合。电子液压制动系统由电子踏板、EHB ECU 和制动执行机构组成。电子踏板包含制动踏板和踏板位移传感器，后者用于检测踏板行程并将位移信号转化为电信号传递给 EHB ECU，从而实现对踏板行程和制动力按比例进行调控。电子液压制动系统的组成如图 4-20 所示。

在正常工作过程中，制动踏板与制动器之间的液压连接处于断开状态，备用阀关闭。EHB ECU 通过踏板位移传感器信号判断驾驶人的制动意图，并通过电动机驱动液压泵进行制动。当电子元件发生故障时，备用阀打开，使电子液压制动转变为传统的液压制动。备用系统的引入提高了制动系统的安全性，确保在线控制动系统失效时车辆仍能正常制动。

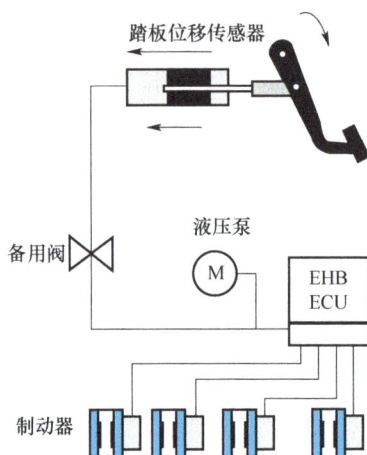

图 4-20 电子液压制动系统的组成

相比传统的液压制动系统，EHB 系统具有结构紧凑、控制可靠、制动灵活高效的特点，但是整个系统仍然离不开液压部分，不利于与其他电控系统的整合。

电子机械制动系统和电子液压制动系统最大的不同在于它不再需要液压装置，完全由电动机驱动的执行机构产生制动力矩。电子机械制动系统的主要组成部分包括电子踏板、EMB ECU、制动力分配单元、制动执行机构和电源等。其中，制动执行机构由电动机、减速机构和传动机构等组成，如图 4-21 所示。

电子机械制动系统的工作过程如下：踏板位移传感器检测到驾驶人的制动踏板行程，将位移信号转化成电信号并通过车载总线传递至整车控制器，整车控制器结合轮速、横向加速度、横摆角速度等车辆的其他状态信息，依据预设算法计算出 4 个车轮所需的制动力，并将信号发送给 4 个车轮的电机控制器，进而控制电动机的转动，经由减速增矩机构输出增大的转矩，再通过输出轴螺纹副或滚珠丝杠副将转矩转化为直线推力，该推力将制动摩擦片紧压在制动盘上，产生摩擦力，从而实现车轮的减速、制动和驻车。电子机械制动系统的组成如图 4-22 所示。

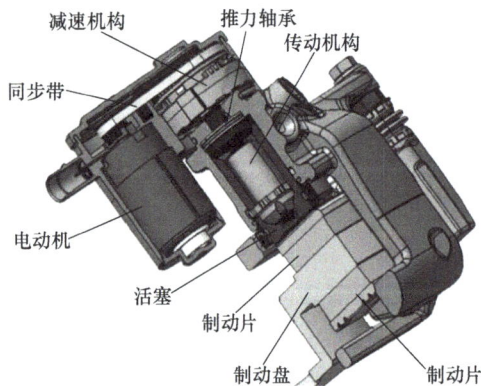

图 4-21 电子机械制动系统制动执行机构组成

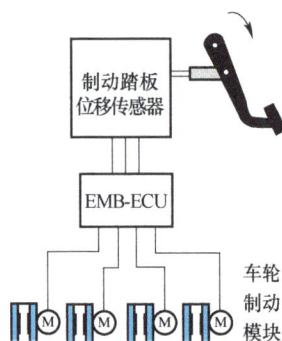

图 4-22 电子机械制动系统的组成

EMB 的特点是反应速度极快、安全优势突出、制动踏板可调、舒适性更高、体积更小、质量更小，同时便于和其他附加功能（如 EBD、ESP 等）集成。但目前其还存在一些技术难点，包括需要极高的可靠性、大功率的高压电系统以及更好的抗干扰能力。

三、线控制动系统的应用

目前，由于技术成熟度和可靠性等问题，电子机械制动系统尚未进行大规模量产，而电子液压制动系统因技术成熟已经在多个车型上广泛应用，该系统最典型的代表产品是博世 iBooster。iBooster 包括制动主缸、踏板位移传感器、制动推杆、电动机和电机控制器等组件。驾驶人踩下制动踏板时，制动推杆产生位移，踏板位移传感器将测得的信号发送给电机控制器，电机控制器计算电动机应产生的转矩，通过减速传动装置将其转化为伺服制动力，该力与制动推杆力共同作用在制动主缸内的活塞上，最终转化为制动管路油压，产生制动压力，推动制动片压紧制动盘。iBooster 在制动反应速度上更快，提高了自动紧急制动效率，减小了制动距离，并能实现更精准的调节，从而提升了制动性能。iBooster 结构如图 4-23 所示。

随着汽车智能化不断发展，预计到 2026 年，线控制动系统在汽车中的普及率将迅速增加，可达 30%。虽然早期线控制动市场主要由国外供应商占据，如博世、大陆、采埃孚和万都等，但近些年，国内数家供应商也开始积极参与线控制动系统产品的竞争。伯特利自主研发的集成式线控制动系统（WCBS）已实现正式量产并投入使用，同时也启动了具备制动冗余功能的线控制动系统 WCBS 2.0 的开发。比亚迪在其 E3.0 平台所搭载的制动安全控制（BSC）系统优先采用电动机制动，在需要时辅以液压制动，以确保制动过程更加平稳，并且可以增加制动过程中的电能回收。

图 4-23　iBooster 结构

四、线控制动系统的通信原理

线控制动系统的通信主要在整车控制器和制动系统电控单元之间进行。整车控制器向制动系统电控单元发送制动指令，而制动系统电控单元则向整车控制器发送制动灯信号、制动系统工作状态以及故障反馈等信息。

以某 L3 自动驾驶实验平台为例，整车控制器和制动系统电控单元之间采用 CAN 通信，通信速率为 500kbit/s，报文采用 Intel 格式，帧格式为标准帧。VCU 向 EHB ECU 发送 CAN 报文的协议见表 4-7，EHB ECU 向 VCU 发送 CAN 报文的协议见表 4-8。协议的使用方法与表 4-2、表 4-3 类似。

表 4-7　VCU 向 EHB ECU 发送 CAN 报文的协议（ID：0x364，周期 200ms）

字节		定义	格式
Byte0		外部制动压力请求	压力行程请求，最大行程点为 125，最小行程点为 0，单位为个（当前将行程分成 125 个点）
Byte1	bit7 ~ bit4	EHB 工作模式请求	3：就绪；7：Run
	bit3 ~ bit1	预留	000（默认）
	bit0	制动使能	0：EHB 未起动；1：EHB 使能

（续）

字节		定义	格式
Byte2		预留	0x00（默认）
Byte3	bit7~bit6	钥匙使能信号	0：OFF；1：ACC；2：ON；3：CRANK
	bit5~bit4	VCU 工作状态信号	0：未初始化；1：可靠的；2：降级（保留）；3：故障
	bit3	预留	0（默认）
	bit2	驾驶模式	0：人工（包括遥控器模式）；1：自动
	bit1~bit0	预留	00（默认）
Byte4		预留	0x00（默认）
Byte5		预留	0x00（默认）
Byte6		预留	0x00（默认）
Byte7	bit7~bit4	预留	0x00（默认）
	bit3~bit0	生命信号	用于监测设备的工作状态，初始值为零。若设备正常工作，则每发出一帧数据，生命信号自动累加1，最大值为F，超出后清零继续循环，循环顺序为0-9-F-0

表 4-8　EHB-ECU 向 VCU 发送 CAN 报文的协议（ID：0x289，周期 100ms）

字节		定义	格式
Byte0		制动踏板开合度	制动踏板制动行程有效值范围：0~100（表示0%~100%）
Byte1	bit7	预留	0（默认）
	bit6~bit4	工作状态	1：初始化；2：备用；3：就绪；6：Run；7：失效；8：关闭
	bit3	预留	0（默认）
	bit2	制动灯信号	0：无效；1：有效
	bit1~bit0	预留	00（默认）
Byte2		预留	0x00（默认）
Byte3	bit7	制动踏板被踩下是否有效	0：闲置；1：有效
	bit6	制动踏板是否被踩下	0：闲置；1：有效
	bit5	仪表警告灯	0：闲置；1：有效
	bit4~bit3	预留	00（默认）
	bit2	外部制动请求响应状态	0：踏板；1：CAN
	bit1~bit0	预留	00（默认）
Byte4		故障码 1	0x00：无故障；0x01：欠电压；0x02：过载；0x04：过电压；0x08：U 相故障；0x10：V 相故障；0x20：W 相故障；0x40：过电流；0x80：堵转保护

（续）

字节		定义	格式
Byte5		故障码 2	0x00：无故障；0x01：欠电压；0x02：保留；0x04：自学习故障；0x08：12V 电源故障；0x10：自检故障；0x20：保留；0x40：保留；0x80：点火信号故障
Byte6		预留	0x00（默认）
Byte7	bit7～bit4	预留	0000（默认）
	bit3～bit0	生命信号	用于监测设备的工作状态，初始值为零。若设备正常工作，则每发出一帧数据，生命信号自动累加 1，最大值为 F，超出后清零继续循环，循环顺序为 0-9-F-0

【任务实施】

仪器设备及工具准备
1）设备：自动驾驶汽车开发平台、线控底盘调试平台。
2）工具：拆装工具套件、万用表。

操作注意事项
1）着工装、做好安全防护。
2）正确使用拆装工具。
3）正确连接车辆、调试平台连线。

线控制动系统的认知与安装

任务实施内容
根据教师指导和所学知识，安装线控底盘制动部分零部件，并记录。

学　院		专　业		班　级	
姓　名		学　号		日　期	
指导教师					
作业前准备记录					

步骤	操作方法及过程记录		操作示意图	
认识线控制动系统的组成器件	了解线控制动系统的组成，查阅线控制动系统相关组成零部件，并对其功能及参数进行简单描述			
	器件名称	功能作用	相关参数	

（续）

步骤	操作方法及过程记录	操作示意图
安装线控制动系统各零部件	安装制动卡钳及固定螺杆 是否完成：□是　□否	
	安装制动把手至制动主缸，并安装压力传感器 是否完成：□是　□否	 压力传感器
检查线控制动系统安装情况	制动电动机固定钣金安装是否稳定：　□是　　□否	
	制动推杆与制动电动机摆臂的连接，是否完成：　□是　　□否	
	压力传感器安装是否正确，是否存在渗液、漏油的情况：　□是　□否	
	制动卡钳是否安装牢固：　□是　　□否	
	制动液排空后，后轮转动是否正常：　□是　　□否	
6S 管理	整理、整顿、清扫、清洁、素养、安全	

【评价反馈】

序号	作业内容	配分	作业项目	扣分	得分	备注
1	认识线控制动系统的组成器件	30	□熟知线控制动系统结构、特性、功能 □理解线控制动系统工作原理 □查阅线控制动系统相关零部件功能			如有未完成的项目，根据情况酌情扣分
2	安装线控制动系统各零部件	40	□确认线控制动各零部件安装位置 □正确安装制动卡钳、压力传感器及相关零部件			
3	检查线控制动系统安装情况	20	□制动电动机及摆臂是否安装正确 □压力传感器是否安装稳定，有无漏液、渗油等情况 □制动卡钳安装是否正常 □制动液是否排空			
4	6S 管理	10	□6S 管理：整理、整顿、清扫、清洁、素养、安全			
合计						

【课后测评】

一、填空题

1. 传统的制动系统在长期使用后，由于各部件的磨损和变形，会导致（　　　　）的衰退。

2. 电子机械制动系统工作时，首先通过（　　　　）检测踏板行程，用以接收驾驶人的制动意图，并将位移信号转化成的电信号通过车载总线传给整车控制器。

二、选择题

1. （单选）EMB 系统取消了传统液压制动系统中机械式传力机构和真空助力器，取而代之的是（　　），它将作用在踏板上的力和速度转化为电信号，输送到 EMB-ECU。

A. 制动执行机构　　　　B. 电源　　　　　　C. 整车控制器　　　　D. 电子踏板

2. （单选）线控制动目前分为两种类型：一种是以电子液压为基础的系统，称为（　　）；另一种是纯电子机械系统，称为（　　）。

A. EHB，EMB　　　　B. EHB，MS　　　　C. HPS，EHB　　　　D. HPS，MS

3. （单选）线控制动系统与常规的液压制动系统截然不同，它采用一个电子踏板取代了传统的制动踏板，用以接收（　　）。

A. 驾驶人的转向意图　　　　　　　　B. 驾驶人的加速意图
C. 驾驶人制动意图　　　　　　　　　D. 以上都不正确

4. （单选）VCU 与 EHB-ECU 之间的通信速率为（　　），报文采用 Intel 格式，帧格式为标准帧。

A. 300kbit/s　　　　B. 400kbit/s　　　　C. 600kbit/s　　　　D. 500kbit/s

5. （单选）目前已经应用的 EMB 系统相对传统制动系统的最大改进就是采用了（　　），有效地提高了制动响应速度。

A. EMB-ECU　　　　　　　　　　B. 制动力分配单元
C. 整车控制器　　　　　　　　　　D. 电子踏板

三、简答题

1. 思考并绘制 EMB 系统控制框图。
2. 比较 EHB 和 EMB 的优缺点。

项目 **5**

智能座舱系统的认知与安装

【学习目标】 ┃••▶

素质目标：

1）具有良好的职业素养，培养精益求精的工匠精神。
2）培养良好的沟通能力与团队合作精神。
3）培养爱国主义精神，弘扬社会主义核心价值观。

知识目标：

1）了解智能座舱系统的分类、发展现状与趋势。
2）了解人机交互系统、智能座椅系统和抬头显示系统的作用、结构及特点。
3）熟知人机交互系统和抬头显示系统的工作原理。
4）理解智能座椅的结构与设计。

能力目标：

1）认识智能座舱系统。
2）能够描述人机交互系统和抬头显示系统的工作原理。
3）能够描述智能座椅的结构和基本设计。
4）掌握人机交互系统、智能座椅系统和抬头显示系统的安装方法。

任务 5.1　人机交互系统的认知与安装

【任务描述】 ┃•••▶

　　人机交互系统是信息化技术发展的产物，该系统实现了人与车之间的对话功能。它包括哪些种类又能实现何种功能呢？下面我们通过学习理论知识和动手安装实践，来认识人机交互系统。

【知识准备】 ┃•••▶

一、人机交互系统认知

　　人机交互（Human Machine Interface，HMI）系统是人与计算机之间通过相互理解进行交流与通信的媒介。在智能座舱系统中，人机交互系统体现为人与车机之间的交流与通信，驾乘人员可以通过该系统轻松掌握车辆状态、交通状况等信息，以及快速调节车辆基本设置等。

　　传统汽车的人机交互系统以中控屏为核心，交互界面设计老旧，采用安全性较低的按钮和触屏方式进行交互，已难以满足驾乘人员的行车需求。随着智能座舱系统的发展，人机交互系统采用语音控制、手势识别、人脸识别等更智能化的交互方式，通过将全数字仪表、抬头显示系统、中控屏、功能控制屏、前后排乘客娱乐屏等多屏融合来实现，满足用户使用汽车的新需求，同时也提高了车辆的舒适性与安全性。不同汽车品牌采用不同的人机交互系统，目前常见的人机交互系统有比亚迪的 DiLink（图 5-1）、吉利的 GKUI、蔚来的 NOMI、理想的 Li-OS、小鹏的 Xmart OS、小米的澎湃 OS、宝马的 iDrive、奔驰的 COMMAND、奥迪的 MMI 等。

随着智能座舱系统的发展和驾乘人员行车需求的提高，车辆的功能和驾乘人员接收到的座舱内外的信息也越来越多，使用简便快捷的人机交互方式可以帮助驾乘人员快速实现当前行车需求。目前，智能座舱人机交互系统主要包括语音交互系统、触控交互系统、手势识别系统以及使用生物识别技术的人脸识别系统等。

通俗来说，语音交互（Voice User Interface，VUI）系统就是驾乘人员通过自己开口说话的方式用语言给车机下达指令，以满足驾乘人员的行车需求。蔚来汽车 NOMI 语音交互系统如图 5-2 所示。

图 5-1　比亚迪 DiLink 人机交互系统

图 5-2　蔚来汽车 NOMI 语音交互系统

智能座舱系统采用语音交互技术可以使驾驶人解放双手，将注意力集中到路况信息上，从而提高行车过程中的安全性，其主要功能有：快速控制车辆，如进行空调设置、开关车窗、调整车内灯光、设置目的地和智能导航等；对车辆和驾驶人实时监控，如可以随时询问车辆性能和状态（胎压、冷却液温度等），结合生物识别技术实时监控驾驶人的情绪和状态，主动发起疲劳驾驶语音提醒；对车载影音娱乐系统进行控制，如播放、暂停和切换歌曲，对歌曲进行收藏、切换播放顺序以及分享到社交媒体等。

触控交互系统的控制方式主要包括传统的机械旋钮/按键控制和触控屏控制两种。传统汽车早期的中控台屏幕很小且不是触控屏，通常只显示空调、收音机的一些信息，大部分面积设置为机械旋钮和按键，通过人体触觉的交互实现人机交流与通信，如图 5-3 所示。

随着智能座舱系统的发展，中控台的屏幕越来越大，越来越多的功能集成在中控大屏中，机械旋钮/按键开始逐渐减少，小鹏 P7 就采用中控大屏进行触控交互，如图 5-4 所示。然而由于中控大屏的信息是变化的，按键是虚拟的且全屏触感相同，因此会有诸多不便。尤其是在行车期间，驾驶人需要将大部分注意力投入到对路况的观察中，不能长时间将视线停留在中控大屏上，因此将各种功能按键集成到中控大屏的同时，可以将部分重要功能按键设置为机械旋钮/按键，如空调温度、风力的调节等。

手势交互系统主要通过摄像头读取并识别驾驶人的不同手势来控制中控台，是对语音交互系统和触控交互系统很好的补充，如图 5-5 所示。将手势交互和语音交互结合，可以通过简单的手势和话语很好地完成智能座舱的交互任务，也可以增加交互过程的趣味性。将手势交互和触控交互相结合，可以实现一些非接触式功能的控制。

图 5-3　传统汽车触控交互系统

图 5-4　小鹏 P7 触控交互系统

目前应用在智能座舱系统中的生物识别技术主要包括语音识别、人脸识别、指纹识别、掌纹识别、虹膜识别、视网膜识别、体型识别、步态识别等。其中，人脸识别由于具有很强的个体差异性以及直接、友好、方便的特点，成为验证身份的最佳依据。人脸识别系统如图 5-6 所示，其主要使用场景包括上车校验车主信息、登录账户、疲劳监测等。

图 5-5　手势交互系统

图 5-6　人脸识别系统

二、语音交互系统认知

随着互联网技术和人工智能技术的快速发展，语音交互技术作为潜力最大、应用场景最多的人机交互技术，在语音交互的准确性、快捷性和高效性方面都有了很大的提升。

在国外，苹果、微软、谷歌、亚马逊等智能语音企业都在积极布置车载语音交互系统，奔驰、宝马、大众、本田、丰田、福特等汽车企业也已经将语音交互技术整合到车机内并不断迭代升级。在国内，科大讯飞、百度、小米、腾讯、阿里巴巴等企业也在积极推进车载语音交互技术的发展，一汽、东风、上汽、长安、广汽、蔚来、理想、小鹏等企业也已经与智能语音企业深度合作，定制搭载智能语音交互技术的车机系统。

语音交互系统基础技术主要包括：语音增强、语音唤醒、语音识别（Automatic Speech Recognition，ASR）、自然语言处理（Natural Language Processing，NLP）［包括自然语言理解（Natural Language Understanding，NLU）、对话管理（Dialog Management）、自然语言生成（Natural Language Generation，NLG）］、语音合成（Text To Speech，TTS）和音效增强。语音交互系统基础技术流程如图 5-7 所示。其中，语音识别、自然语言处理和语音合成是语音交互系统的核心技术。

（1）语音增强　汽车内部的噪声源较多，主要包括动力系统噪声、转向灯噪声、胎噪、外界环境噪声以及车载影音娱乐系统播放声等。这些噪声会减弱人声音频信号的特征，直接影响语音识别的准确性。通常采用基于传声器阵列的语音增强技术，可有效抑制噪声产生的影响，保证较干净的人声音频信号输入语音交互系统，提高语音识别的准确率。

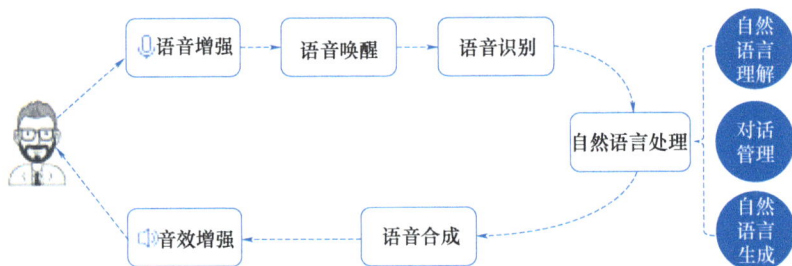

图 5-7　语音交互系统基础技术流程

（2）语音唤醒　语音唤醒是语音交互技术的第一入口，当语音交互系统在休眠状态时，用户可以通过指定的唤醒词使其从休眠状态进入激活状态，来开启语音交互对话。不同汽车品牌语音交互系统的唤醒词不同，如比亚迪汽车的"你好，小迪"和广汽传祺的"你好，小祺"等，用户也可以根据需要自行设定唤醒词。为了达到更好的唤醒效果，唤醒词的设定一般为三四个音节，音节间差异应比较大。

（3）语音识别　语音识别简单地说就是将用户的语音转换为文本，并且保留语速、音量、停顿等语音特征信息。语音识别首先通过语音增强技术对用户声音进行处理，反映用户语音的真实状态，然后对增强后的语音进行关键特征的提取，接着通过声学模型匹配对提取到的语音关键特征进行转换，得到一个类似于汉语拼音的发声信息，如"Bei3Jing1Da4Xue2"，最后通过语言模型与发声信息进行词或字的对比，得到处理后的结果为"北京大学"。

（4）自然语言处理　自然语言处理是语音交互技术最难的环节，它是将人声音频信号抽象成能够让机器理解的表示形式。自然语言处理主要分为三个步骤：自然语言理解、对话管理和自然语言生成。自然语言理解是通过分析语音识别后的文本语义和语法，并从文本语言中获得文本含义。对话管理是机器通过对话对接用户接下来可能会发生的动作，进行管理决策并更新对话状态，然后不断重复直到交互结束。自然语言生成是机器通过对话管理后的决策，生成回复给用户的文本。

（5）语音合成　语音合成是语音交互技术的出口，机器将文本转换为给用户听的语音，完成一次语音交互。语音合成的基本原理是将任意文字信息通过语言处理进行断句，再通过韵律处理规划合成语音的音阶、音高、音长、音强等音素，使合成的语音能够正确地表达说话人所要表达的意图，使其听起来更自然，最后把文字信息对应的音素单元进行拼接，通过声学处理输出语音合成后的音频。

（6）音效增强　音效增强是基于车内复杂的噪声环境以及扬声器位置造成的复杂声场环境，通过加入高级环绕算法，对合成好的音频进行专业声学处理，比如音量随车速变化进行动态增益以及主动降噪等，为用户提供一个自然、清晰、明确的音响效果。未经专业声学处理的音响系统会丢失声音的定位信息，不能还原声音的左右空间感与前后纵深感，声音杂乱无章、互相干扰。

如今，每一辆具备智能座舱系统的汽车均配置有语音交互系统，极大提升了用户的驾乘体验。基于目前的技术水平，语音交互系统仍存在一些不足，例如：主要考虑了主驾驶位和副驾驶位的交互使用，后排乘客无法便捷地使用；只能在用户发起交互请求后被动应答；应用场景目前只包括车内场景；当车内噪声较大时，其使用会受到一定程度的限制。

三、触控交互系统认知

随着汽车智能化的不断发展，触控交互控制方式由传统的机械旋钮/按键控制逐渐转为触控屏控制。同时由于触控屏的信息是变化的、按键是虚拟的、触感是相同的，因此用户需要通过结合视觉交互技术实现人机交互过程。

常见的触控交互设计的基本操作来自移动设备的设计标准。常见的触控交互方式如图 5-8 所示。在车辆行驶过程中，单击是最有效的交互方式。滑动、长按、双击、单指拖动、双指拖动等交互方式的操作时间会超过 2s 的安全范围，大大增加了操作的难度和驾驶风险，更适合在非驾驶状态下使用。

| 单击 | 滑动 | 长按 | 双击 | 拖动 |

图 5-8 触控交互方式

单击交互方式主要用于按钮、复选框、选项卡、图标、搜索栏等模块；滑动交互方式主要用于负一屏、首页功能卡片、进度条（音量、亮度、空调风量、空调温度等）、列表类型、空调风向等；长按交互方式主要用于选择编辑、虚拟键盘的部分按键；双击交互方式和双指拖动主要用于导航地图、图片缩放等；单指拖动主要用于改变对象位置等。

触觉反馈一般通过表面触觉和空中触觉来整合。在汽车中，它通常与手势交互和手部跟踪相结合。通俗地讲，触觉反馈是通过力度、振动等皮肤感觉传递信息，为用户提供一种触觉的、拟形的设计方法。

触觉交互已经成为汽车中不可或缺的一部分，其在提高驾驶舒适性的同时，还能使驾驶变得轻松愉快。目前触觉交互在汽车中的应用主要有以下几个。

（1）转向盘　可以通过控制转向盘的振动和力度来为驾驶人提供触觉反馈，如模拟不同路面的感觉来提高驾驶人的路感。比如，在遇到危险和有电话接入时，通过振动转向盘来提醒驾驶人；当接收到左转或右转指令时，可以让转向盘产生向左或向右不同触觉的振动提示，带来全新的驾驶体验。

（2）中控扶手和 ADAS　在汽车触摸屏中加入触觉反馈，可以模拟物理按钮的触感，提供确认感，来帮助驾驶人更好地感知车辆的状态和操作。比如，车辆行驶过程监测到危险时，会采用特有的振动频率来提醒驾驶人。据统计，ADAS 中的振动触觉技术可以提高 30% 的车道保持能力。

（3）元宇宙　目前，元宇宙、VR/AR 等虚拟现实技术在汽车上逐渐开始应用。如果在这些领域内加入触觉技术，就可以提供更好的驾驶体验和更真实的沉浸感。

（4）踏板　触觉踏板的设计可以在出现车道偏离和接近最大安全制动等问题时向驾驶人提供反馈，以保证驾驶安全。

（5）门板　与中控屏的触觉类似，门板的触觉反馈也可以为用户提供更好的确认感。

（6）座椅和安全带　触觉座椅和安全带的设计可以用来提醒驾驶人注意潜在的危险，并反映当前的路面情况和激活状态。

触控交互技术通过直观性设计，能减少驾驶人分心，保证驾驶安全；通过隐私性设计，当遇到危险和警告时，能通过驾驶人座椅振动等来传递信息，更加私密；通过新的触觉交互，能减少对屏幕、按钮和旋钮的限制；通过触感方式，能对用户活动进行检测，以保证安全；触觉交互比视觉交互的反应时间快，在紧急情况下，触觉交互更为实用。

四、手势交互系统认知

随着智能手机、智能家居、智能座舱和各类 AR 产品的出现，手势交互作为触控交互、语音交互和视觉交互的补充，正在发挥着越来越重要的作用。

目前，国内外各大车企都先后应用了手势交互技术。手势控制系统的工作原理如图5-9所示。

手势交互使用户能够与机器进行通信，并且无须任何机械设备就可以自然地进行交互。手势交互的基本原理包括：手掌检测（Palm Detector）、手部标志提取（Hand Landmarks）、手势识别（Gesture Recognizer，包括静态手势识别和动态手势识别）。图5-10所示为谷歌手势识别原理，当摄像头获取第一帧图像时，首先通过手掌检测对图像中的手部轮廓进行界定，找到手掌位置，接着通过手部标志提取，对手掌进行关键点定位，可以找到手掌上的21个关键坐标，最后通过手势识别判断检测到的是什么手势，以及判断该手势对应的功能。

相比触控交互系统，手势交互系统已经能在一定程度上减少驾驶人分心，未来还可以通过转向盘或抬头显示系统识别手势，进一步减少驾驶人分心，或者

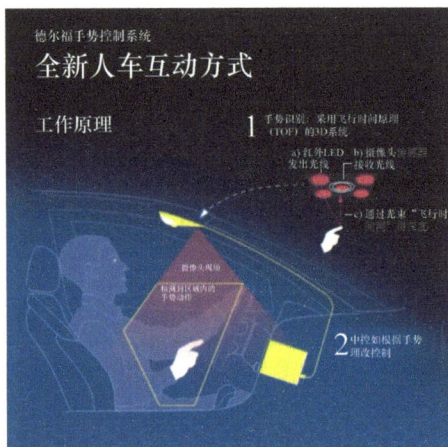

图5-9 德尔福手势控制系统的工作原理

可以识别手势的快速、模糊操作，增加识别的容错率，减少需要使用视觉进行交互的情况。同时，由于手势交互主要应用在各种移动设备和桌面设备上，用户容易将在这些设备上使用的手势应用在车机设备上。如果手势代表的含义不同，用户将无法与车机进行有效交互，因此需要建立统一的手势标准。在此基础上，汽车手势交互所采用的手势动作要简单、数量尽量少，应可以采用相同手势在不同界面实现不同功能，以此降低手势交互动作的学习成本，提高手势交互的使用频率。

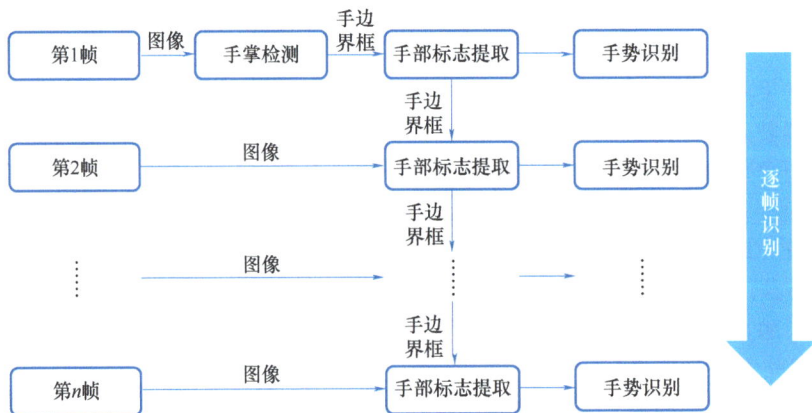

图5-10 谷歌手势识别原理

五、人脸识别系统认知

人脸识别是一种基于人的脸部特征信息进行身份识别的生物识别技术。目前，人脸识别技术在汽车上主要用于安全监控和部分个性化设置，如数字钥匙、车辆防盗、分心预警、疲劳监测等。

在国外，大陆集团与其合作伙伴Trinamix共同开发了一套应用在汽车上的人脸识别系统。该系统由安装在仪表显示器上的摄像头驱动，通过该摄像头可以进行启动前的人脸识别，也可以监控驾驶人的注意力，还可以通过人脸识别支付停车费、过路费或充电费用等。在国内，天机ME7

首次将人脸识别运用到自身上，其车载前端摄像头可以快速分析用户体态，并且在确定用户为车主时，会立刻解锁汽车，也可以在用户疲劳时发出警报提醒，同时可以针对不同用户设置合适的座椅位置、后视镜角度等。

人脸识别的基本原理主要包括：人脸图像采集、人脸检测、人脸图像预处理、人脸图像特征提取、人脸图像特征比对和人脸识别结果输出，如图 5-11 所示。

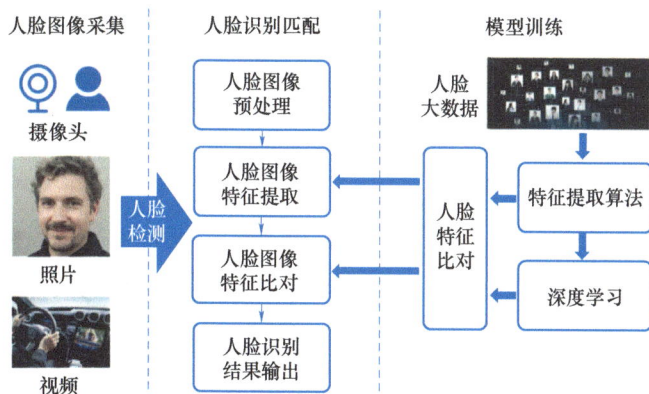

图 5-11　人脸识别系统的基本原理

首先，当用户在人脸识别系统采集设备的拍摄范围内时，采集设备会自动搜索并拍摄用户的静态、动态、不同位置和不同表情的人脸图像，即人脸图像采集。接着，通过人脸检测在图像中准确找到并标定出人脸的位置和大小。同时，由于人脸原始图像通常不能直接使用，必须对图像进行灰度矫正、噪声过滤等图像预处理，即人脸图像预处理。然后，需要根据人脸器官的形状以及它们之间的距离来获取有助于人脸分类的特征数据，并将获取到的人脸图像特征数据和储存在数据库中的特征模板进行搜索匹配，当相似度超过设定的阈值时，就把匹配到的结果输出并比对人脸图像特征提取和人脸图像特征。最后，将待识别的人脸特征与匹配得到的人脸特征模板进行比较，根据相似程度对人脸的身份信息进行判断，即人脸识别结果输出。

人脸识别具有唯一性和不易被复制的良好特性，用户不需要专门配合人脸采集设备且不用与设备直接接触。人脸识别操作简单、结果直观、隐蔽性好。但人脸识别的准确率会受到人脸的相似性、光照、表情、姿态、遮挡物、年龄变化的影响，同时也会受到图像质量低、样本数量少和大规模人脸识别的影响。

【任务实施】 ▪▪▪▪▪▪▪▪▪▪▪▪▪▪▪▪▪▪▪▪▪▪▪▪▪▪▪▪▪▪▪▪▪▪▶

仪器设备及工具准备
1）设备：L3 智能网联教学车、扬声器、传声器。

2）工具：直流电源、万用表、拆装工具套装、固定螺栓、无纺布、安全帽、绝缘垫、工作手套。

操作注意事项
1）确认语音交互系统设备外观结构完整、功能正常，螺栓口无滑丝和变形。

2）扬声器、传声器电源及信号线束外观应完整无损坏，接线口针脚应正常。

3）连接语音交互系统供电线前应断开蓄电池负极。

任务实施内容
根据教师指导和所学知识，认识与安装语音交互系统设备，并记录。

人机交互系统的认知与安装

学　　院		专　　业		班　　级	
姓　　名		学　　号		日　　期	
指导教师					

作业前准备记录

步骤	操作方法及过程记录	操作示意图
	了解语音交互系统采用的设备，识别设备供电线和信号线的插口	
认识语音交互系统设备	认识传声器、扬声器，检查其外观是否完整，有无损坏，接线口针脚是否正常 是否完成：□是　□否	
	使用万用表检查扬声器电阻值为＿＿＿＿ 是否完成：□是　□否	
	连接直流电源，检测扬声器的功能是否正常 是否完成：□是　□否	
教学车辆检查	起动教学车辆，仪表点亮，档位处于"P"位，驻车指示灯点亮，车辆处于制动状态 是否完成：□是　□否	

（续）

步骤	操作方法及过程记录	操作示意图
教学车辆检查	关闭教学车辆，点火开关处于关闭状态，仪表处于熄屏状态 是否完成：□是　□否	
	用工具断开辅助蓄电池负极 是否完成：□是　□否	
语音交互系统设备安装	安装传声器固定卡扣，连接传声器线束 是否完成：□是　□否	
	安装 3 颗扬声器固定螺钉，连接扬声器线束 是否完成：□是　□否	
语音交互系统功能验证	起动车辆，按下转向盘语音交互功能按键 是否完成：□是　□否	

（续）

步骤	操作方法及过程记录	操作示意图
语音交互系统功能验证	对语音助手发出语音指令，传声器收音情况是否正常：□是　□否	
	收听语音助手发出的音频，扬声器发音情况是否正常：□是　□否	
检查安装情况	语音交互系统设备安装位置是否正确：□是　□否	
	语音交互系统设备安装固定螺钉是否紧固：□是　□否	
	语音交互系统设备线束连接是否无误：□是　□否	
	语音交互系统是否能正常运行：□是　□否	
6S 管理	使用工具是否整理归位：□是　□否	

【评价反馈】 ▶

序号	作业内容	配分	作业项目	扣分	得分	备注
1	认识语音交互系统设备	20	□熟知传声器和扬声器的结构、特性、功能 □理解语音交互系统的工作原理 □识别传声器和扬声器接线端子			如有未完成的项目，根据情况酌情扣分
2	教学车辆检查、语音交互系统设备安装、语音交互系统功能验证	60	□确认传声器和扬声器的安装位置 □正确安装扬声器和传声器 □正确连接传声器和扬声器线束插头 □语音交互系统功能正常 □传声器收音正常 □扬声器发音正常			
3	检查安装情况	10	□传声器和扬声器安装合理 □传声器和扬声器线束连接正确、牢固			
4	6S 管理	10	□6S 管理：整理、整顿、清扫、清洁、素养、安全			
合计						

【课后测评】 ▶

一、填空题

1. 人机交互系统是（　　　　）与（　　　　）之间通过相互理解进行交流与通信的媒介。

2. 采用人机交互技术可以满足用户使用车辆的新需求，同时也可以提高车辆的（　　　　）和（　　　　）。

3. （　　　　）是语音交互技术最难的环节，它是将人声音频信号抽象成能够让机器理解的表示形式。

4. 采用触控屏控制的触控交互需要用户结合（　　　　）实现人机交互过程。

5. 人脸识别是一种基于人的（　　　　）进行身份识别的生物识别技术。

二、选择题

1.（单选）（　　）是目前智能座舱应用场景最多的人机交互技术。

A. 语音交互　　　　　B. 触觉交互　　　　　C. 手势交互　　　　　D. 人脸识别

2.（单选）车辆行驶过程中，（　　）是最有效的触控交互技术。

A. 双击　　　　　　　B. 长按　　　　　　　C. 单击　　　　　　　D. 滑动

3.（多选）下列技术中，（　　）是目前市面上汽车智能座舱已经搭载的人机交互技术。

A. 语音交互　　　　　B. 视觉交互　　　　　C. 触觉交互　　　　　D. 手势交互

4.（多选）智能座舱多屏融合技术的"多屏"主要包括（　　）。

A. 全数字仪表　　　　B. HUD　　　　　　　C. 前排乘客娱乐屏　　D. 后排乘客娱乐屏

5.（多选）语音交互系统的核心技术是（　　）。

A. 语音唤醒　　　　　B. 语音识别　　　　　C. 自然语言处理　　　D. 语音合成

6.（多选）下列有关语音交互技术的说法正确的是（　　）。

A. 语音识别是机器将文本转换为给用户听的语音

B. 自然语言理解是通过分析文本语义和语法并从文本语言中获得文本含义

C. 自然语言生成是机器通过对话管理的决策生成回复给用户的文本

D. 语音合成是机器将用户的语音转换为文本

7.（多选）相比机械旋钮/按键，触控屏具有（　　）等特点。

A. 信息是变化的　　　　　　　　　　　　　B. 只能单击交互

C. 按键是虚拟的　　　　　　　　　　　　　D. 触感是相同的

8.（多选）手势交互技术的基本原理包括（　　）。

A. 手掌检测　　　　　　　　　　　　　　　B. 手部标志提取

C. 静态手势识别　　　　　　　　　　　　　D. 动态手势识别

9.（多选）人脸检测是在图像中准确找到并标定出人脸的（　　）。

A. 表情　　　　　　　B. 位置　　　　　　　C. 脸型　　　　　　　D. 大小

10.（多选）人脸识别技术识别与匹配过程主要包括（　　）。

A. 人脸检测　　　　　　　　　　　　　　　B. 人脸图像预处理

C. 人脸特征提取　　　　　　　　　　　　　D. 人脸特征比对

三、简答题

1. 智能座舱人机交互系统是什么？主要有哪些类型？
2. 简述语音交互系统的工作流程。
3. 简述手势交互系统的发展趋势。

任务 5.2　智能座椅系统的认知与安装

【任务描述】

　　智能座椅系统是指在座椅中配备智能系统部件，同时兼顾传统座椅舒适度的系统。它包括哪些种类又具有何种功能呢？下面我们通过学习理论知识和动手安装实践，来认识智能座椅系统。

【知识准备】

一、智能座椅系统认知

智能座椅系统是智能座舱系统的重要组成部分，主要包括智能座椅和智能系统部件两部分，其首先需要满足驾乘人员行车过程中的舒适性与安全性，其次需要满足驾乘人员对于座椅的智能化控制及个性化定制。简而言之，智能座椅是在传统座椅的基础上，配备了大量的智能系统部件，使驾乘人员能够方便快捷地通过按键或触控屏以及其他人机交互技术对座椅进行控制。

二、智能座椅系统的功能

智能座椅系统的功能多种多样，不同驾乘人员对于智能座椅的功能都有个性化的需求，其中最常见的功能有以下几个。

（1）座椅多向调节功能　同一款汽车座椅需要满足不同体型驾乘人员的乘坐舒适性需求，也需要满足不同驾驶人的驾驶习惯，因此需要具备调节座椅方向的功能。智能座椅调节方向包括：座椅调节、椅背调节、头枕调节、肩部调节、腰托调节、腿托调节等。

（2）座椅按摩功能　为了有效缓解驾乘人员的疲劳感，智能座椅内加入了气动装置。该装置由气泵提供气压，通过周期性地改变气压腔的压力，使智能座椅的椅面对人体的支撑位置和力度发生改变，实现为驾乘人员按摩的目的。

（3）座椅加热功能　为了改善冬季汽车座椅过凉带来的不适感，智能座椅内安装了加热丝，通电后能对座椅内部进行加热。为了进一步提高驾乘人员的乘坐舒适性，保持座椅温度处于一个适宜的温度范围，智能座椅内安装了温度传感器，能对座椅内部温度进行监测与反馈。

（4）座椅通风功能　为了改善夏季汽车座椅过热及不通风带来的不适感，智能座椅内安装了通风循环系统，通电后由座椅风扇（吸风式、吹风式）引导空气流动，使空气从座椅坐垫和靠背上的小孔中流出，制造人体与座椅接触表面的空气流动，增加人体表面汗液蒸发速度。

（5）座椅记忆功能　为了适应不同驾驶人的座椅使用偏好，智能座椅内安装了具有记忆功能的设备。座椅记忆功能可以储存座椅多向调节的各个位置和角度、后视镜位置和角度及其他个性化设置。通常车辆有2~3组设置按键，如图5-12所示。

（6）座椅迎宾功能　为了使驾驶人在上车和下车时更加方便，智能座椅内安装了具有迎宾功能的设备。当驾驶人在车外打开车门时，座椅会自动调节到最后的位置，座椅靠背角度不变；当驾驶人坐在座椅上，按动座椅记忆功能按键或启动智能座舱人脸识别系统，关闭车门后，座椅会自动调节到原来记忆的位置；当驾驶人在车内打开车门时，座椅也会自动调节到最后的位置，座椅靠背角度不变；当驾驶人下车并关闭车门后，座椅会自动调节到中间的位置，座椅靠背角度不变。

（7）座椅零重力功能　为了使乘员在乘车过程中身体处于完全放松状态，通过大角度的座椅调节和腿托调节，能使乘员处于一种近乎躺卧的乘坐姿态，身体全部重量尽可能都分散到座椅上，减轻长时间乘坐的疲劳感，这就是座椅零重力功能。零重力座椅如图5-13所示。

图 5-12　座椅记忆设置按键

图 5-13　零重力座椅

（8）人与座椅的人机交互功能 驾乘人员除了可以通过车内的按键对座椅多向调节、按摩、加热、通风等功能进行控制外，也可以通过中控屏、语音、手势及手机 App 对这些功能进行控制，同时交互界面通过图像可以显示当前座椅的状态。

除了以上最常见的功能外，智能座椅还具有以下功能：与安全气囊、安全带、主动安全系统等配合对驾乘人员起安全保护作用；当车辆行驶在路况较差的道路上时，减少传递到驾乘人员身上的振动；获取生物信息，实时监控驾乘人员的体温、心率、呼吸等健康指标，并自动调节车内设置与当前身体状态匹配；为各座椅上的驾乘人员创造独立的影音娱乐声学体验，同时为驾驶人提供私密通话体验的头枕音响；为商务人士提供可面对面交流的、私密的会议聊天空间；为有婴幼儿的家庭提供能独立存放婴幼儿物品的空间；为不同性别的车主提供个性化的空间等。

三、智能座椅的种类

智能座椅按照不同的车内布局可以分为驾驶人座椅、前排乘客座椅、中排乘客座椅以及后排乘客座椅等。通常来说，驾驶人座椅除了能对驾驶人座椅自身的功能进行控制外，也可以对其他座椅的功能进行控制，而其他座椅只能对自身的功能进行控制。其中，特殊功能座椅的功能比一般功能座椅的配置更多。

智能座椅按照不同的使用场景可以分为商务座椅、重要乘客座椅、女性座椅、睡眠空间座椅、智能儿童安全座椅等。

商务座椅可以更加灵活地移动与旋转，使智能座舱可以随时随地、快捷地变成可面对面的、私密的会议空间，如图 5-14 所示。

重要乘客座椅通常布置在第二排右侧。它除了配置常规的多向电动调节外，还配置有座椅按摩、座椅通风、座椅加热、座椅减振等功能，并且提供了电动腿托以及布置在前排座椅后的脚托，可以实现一键零重力功能。

女性座椅通常布置在第一排副驾位，如图 5-15 所示。它在普通座椅的基础上配置了腿托和脚托，在全部展开的情况下可以实现零重力功能。此外，副驾座椅可以向后移动，若将第二排座椅向前移动，则可以方便妈妈照顾后排儿童。

睡眠空间座椅是用户将车辆设为睡眠空间后，前排座椅将自动放平，用户铺上单人或双人充气床垫，就能形成一个可以躺平的空间，如图 5-16 所示。

智能儿童安全座椅可以通过 App 进行控制，具有座椅加热、座椅通风等舒适性功能以及实时监控、遗忘提醒、离座提醒等安全性功能。

图 5-14 商务座椅

图 5-15 女性座椅（副驾座椅）

智能座椅按照不同的旋转角度可以分为不可旋转式座椅、可旋转式座椅、360°旋转式座椅等，如图 5-17 所示。

图 5-16 睡眠空间座椅

a) 可旋转式座椅

b) 360°旋转座椅

图 5-17 按旋转角度分类

四、智能座椅的结构

智能座椅是在传统座椅的基础上，配备了大量的智能系统部件，其主要由座椅骨架、座椅填充物、座椅表皮和座椅智能系统等组成。

座椅骨架是汽车座椅中强度最高的部件，包括坐垫和靠背两部分，如图 5-18 所示。座椅骨架的结构与强度直接影响驾驶车辆的安全性和舒适性。传统座椅骨架原料通常使用合金钢，智能座椅骨架原料通常使用碳纤维复合材料，以满足智能座椅轻量化的要求。

座椅填充物一般使用发泡材料，是汽车座椅的"肌肉"，如图 5-19 所示。发泡材料通常使用由异氰酸酯和聚酯多元醇等混合得到的聚氨酯发泡物。发泡材料提供了座椅的形状和轮廓，直接影响驾驶车辆的安全性与舒适性。

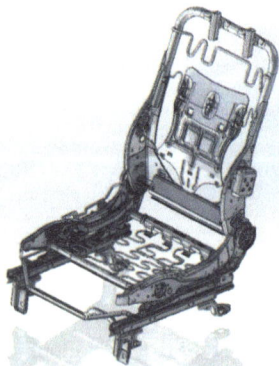

图 5-18 座椅骨架

图 5-19 座椅填充物

座椅表皮的材料通常决定了座椅的舒适性和档次，多采用真皮、人造纤维（高仿真皮）、聚氯乙烯、织物等。从安全角度考虑，座椅表皮材料需要具有一定的阻燃性；从乘坐舒适性角度考虑，座椅表皮材料需要具有耐磨、防滑、透气和便于清洁的性能。

座椅智能系统的功能模块主要包括座椅控制模块、CAN-WiFi 协议转换模块、人机交互显示界面、心率呼吸监测模块、体温监测模块、氛围灯、触觉振动执行器和按摩模块等，如图 5-20 所示。

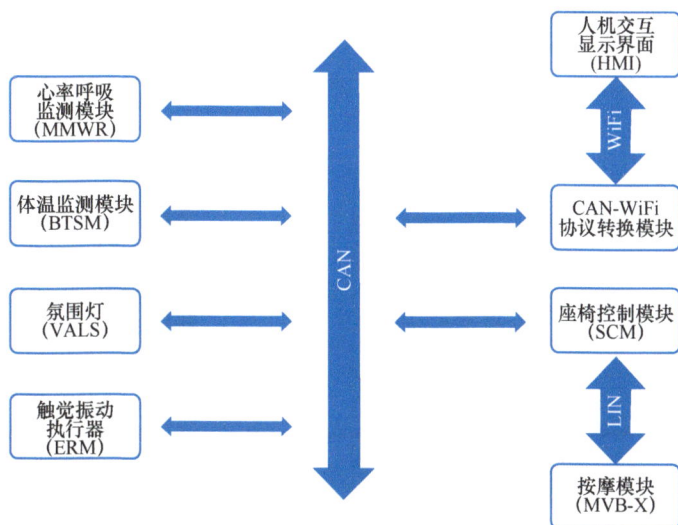

图 5-20　座椅智能系统

五、智能座椅系统的发展趋势

未来，汽车将朝着电动化、网联化、智能化和共享化不断发展，其中智能座舱是汽车智能化发展的核心。汽车座椅也应朝着智能化的方向发展，不断求变创新，其主要发展趋势包括以下几点。

（1）安全性提升　目前大部分汽车座椅都是与汽车前进方向相同，配置的安全气囊可以在发生事故瞬间对驾乘人员提供安全保护。然而未来汽车智能座舱有多种应用场景，座椅的朝向和座椅的角度是不确定的，为了在发生碰撞或翻滚事故时，对各种不同姿态的驾乘人员进行有效保护，可以在汽车座椅上增加以下技术：第一类是快速调节座椅使驾乘人员恢复标准姿态，如座椅快速回复技术和座椅随动技术；第二类是布置大面积安全气囊，如坐垫气囊和头套式安全气囊。智能座椅安全性提升技术如图 5-21 所示。

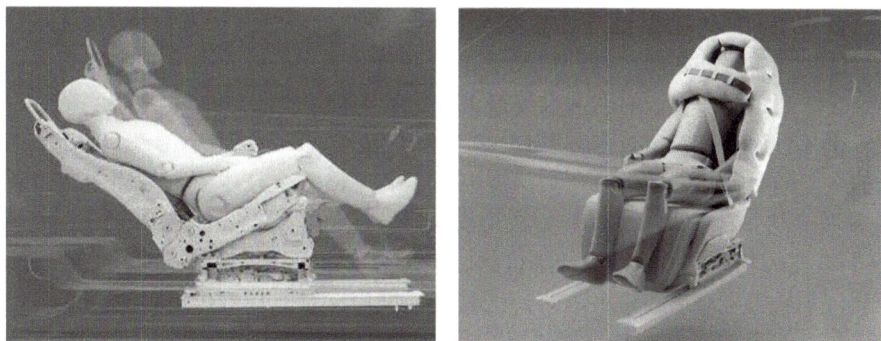

图 5-21　智能座椅安全性提升技术

（2）舒适性提升　目前汽车座椅的舒适性主要通过应用更多的人体工程学和采用更柔软的材料，以及增加座椅按摩、座椅加热和座椅通风等功能来实现。未来，智能座舱舒适性仍需要进一步提升，并增加以下功能：座椅个性化调节功能、座椅灵活性调节功能（图5-22）、健康姿势提醒功能、座椅远程控制功能等。

（3）座椅轻量化　座椅的重量通常占汽车总重量的6%左右。随着智能座椅功能的不断增加，越来越多的智能系统部件被嵌入座椅中，一方面增加了座椅的重量，使汽车的续驶里程降低；另一方面增大了座椅的体积，占用了更多的车内空间。因此座椅的轻量化设计通常从以下两个方向进行：一是在保证智能座椅功能的前提下减轻座椅重量；二是在保证智能座椅舒适度的前提下减小座椅体积。图5-23所示为一款轻量化概念座椅。

图5-22　座椅的灵活性调节

图5-23　轻量化概念座椅

（4）座椅智能化　未来，座椅的智能化将随着越来越强大的人机交互技术而越发先进。智能座椅的控制方式在传统按键控制的基础上，增加了语音控制、手势控制、App控制等。

【知识拓展】 ▶•••▶

中国制造——延锋座椅集成安全技术

2023年7月21日，全球汽车零部件供应商延锋首次公开发布了面向未来移动出行的突破性座椅集成安全技术。该技术包含一揽子座椅集成安全技术方案，由多个创新部件形成一整套安全措施，可以降低大角度姿态及其他非标准姿态下碰撞或翻滚对驾乘人员产生的伤害。这标志着延锋已经从传统的内饰供应商转变为座舱系统供应商。

当前的安全约束系统是基于直立乘坐姿态开发的，而在智能座舱应用场景下，座椅靠背可以大角度调节，使驾乘人员处于零重力或躺卧的乘坐姿态等，同时座椅可以旋转及前后左右滑动，使驾乘人员处于不同位置和朝向。这种情况下，驾乘人员通常不处于直立乘坐姿态或相近的乘坐姿态，传统安全约束系统便无法对驾乘人员提供有效的保护。基于这个背景，延锋自2020年起开始研究满足未来出行需求的安全技术方案。

经过长达3年的研究开发，延锋在大角度姿态下的碰撞安全技术方面取得重大进展，并获得60多项相关发明专利。官方表示，这套方案把安全带、气囊、安全单元全部集成在座椅上，主要包括了Pre-Crash座椅快速回复、座椅随动机构、座椅集成安全带、坐垫安全气囊、头套式安全气囊等技术，当汽车发生碰撞或翻滚事故时，可以对标准姿态及非标准姿态的驾乘人员提供全方位的安全保护。

课后调研：请通过阅读书籍或者互联网搜索，调研国内外企业针对智能座椅研发新技术的情况，并与同学分享。

【任务实施】 ┃••▶

仪器设备及工具准备

1）设备：L3 智能网联教学车。

2）工具：直流电源、万用表、拆装工具套装、固定螺栓、安全帽、绝缘垫、工作手套。

智能座椅系统的认知与安装

操作注意事项

1）智能座椅线束无破损，针脚无损坏、变形、生锈，导轨和固定螺栓无变形。

2）智能座椅安装时不要压夹线束。

3）连接智能座椅系统供电线前应断开蓄电池负极。

任务实施内容

根据教师指导和所学知识，认识并安装智能座椅，并记录。

学　院		专　业		班　级	
姓　名		学　号		日　期	
指导教师					
作业前准备记录					

步骤	操作方法及过程记录	操作示意图
	了解智能座椅的基本结构，识别智能座椅供电线和控制信号线插口、智能座椅多向调节开关	
认识智能座椅	智能座椅材质：＿＿＿＿＿＿＿ 智能座椅功能：＿＿＿＿＿＿＿ 导轨长度：＿＿＿＿＿＿＿ 座椅高度：＿＿＿＿＿＿＿	
	供电线和控制信号线识别 供电线：＿＿＿＿＿＿＿ 测试记录：＿＿＿＿＿＿＿ 定义：＿＿＿＿＿＿＿ 控制信号线：＿＿＿＿＿＿＿ 测试记录：＿＿＿＿＿＿＿ 定义：＿＿＿＿＿＿＿	

（续）

步骤	操作方法及过程记录	操作示意图
智能座椅 通电功能测试	连接并启动直流电源，将电压调到 12V，电流调到 5A 是否完成：□是　□否	
	按压智能座椅多向调节开关，能正常调节座椅位置，电动机运转顺畅 是否完成：□是　□否	
教学车辆检查	起动教学车辆，仪表点亮，档位处于"P"位，驻车指示灯点亮，车辆处于制动状态 是否完成：□是　□否	
	关闭教学车辆，点火开关处于关闭状态，仪表处于熄屏状态 是否完成：□是　□否	
	用工具断开辅助蓄电池负极 是否完成：□是　□否	

（续）

步骤	操作方法及过程记录	操作示意图
智能座椅安装	将智能座椅搬到车上，检查智能座椅是否压夹线束：□是　□否	
	用直流电源给座椅通电，将座椅调节到最后，安装前面 2 颗固定螺栓 是否完成：□是　□否	
	将座椅调节到最前，安装后面 2 颗固定螺栓 是否完成：□是　□否	
	用标准力矩为 20N·m 的扭力扳手将 4 颗固定螺栓拧紧，最后拆除直流电源 是否完成：□是　□否	
检查智能座椅系统供电电压	根据智能座椅数据手册，确认其工作电压为_____ V	
	起动车辆，用万用表测量智能座椅供电电压 万用表档位：_____　红色表笔接：_____ 黑色表笔接：_____　供电电压值：_____	
	供电电压是否满足智能座椅电源要求：□是　□否	
	关闭车辆，使用工具断开辅助蓄电池负极 是否完成：□是　□否	
	将智能座椅供电线端口连接，确认连接无误 是否完成：□是　□否	
检查安装情况	智能座椅安装位置是否正确：□是　□否	
	智能座椅固定螺栓是否紧固：□是　□否	
	智能座椅供电线端口连接是否无误：□是　□否	
	智能座椅是否能正确调节座椅位置和靠背角度：□是　□否	
6S 管理	使用工具是否整理归位：□是　□否	

【评价反馈】

序号	作业内容	配分	作业项目	扣分	得分	备注
1	认识智能座椅	20	□熟知智能座椅基本结构、材质、尺寸 □理解智能座椅的功能 □识别供电线和控制信号线接线端子			
2	智能座椅通电功能测试、教学车辆检查、安装智能座椅、检查智能座椅系统供电电压	60	□正确使用直流电源给智能座椅供电 □确认智能座椅功能正常、电动机运行顺畅 □确认车辆档位处于"P"位、驻车制动指示灯点亮 □确认辅助蓄电池负极断开 □正确安装智能座椅 □查阅数据手册，确定智能座椅工作电压 □正确测量智能座椅供电电压 □正确连接智能座椅供电线端口			如有未完成的项目，根据情况酌情扣分
3	检查安装情况	10	□智能座椅安装合理、紧固、功能正常 □智能座椅供电线端口连接正确、牢固			
4	6S 管理	10	□6S 管理：整理、整顿、清扫、清洁、素养、安全			
合计						

【课后测评】

一、填空题

1. 智能座椅系统首先需要满足的是驾乘人员的（　　　　）和（　　　　）。

2. 为了提高驾乘人员的乘坐舒适性，需要保持座椅温度处于一个适宜的温度范围，智能座椅内安装了（　　　　），对座椅内部温度进行监测与反馈。

3.（　　　　）功能可以使乘客在乘车过程中身体处于完全放松的状态。

4.（　　　　）是汽车座椅中强度最高的部件。

5. 座椅的重量通常占汽车总重量的（　　　　）左右。

二、选择题

1.（多选）智能座椅系统的功能有（　　）。

A. 座椅记忆　　　　　　B. 座椅按摩　　　　　　C. 座椅加热　　　　　　D. 座椅通风

2.（多选）汽车智能座椅未来的发展方向将朝着（　　）前进。

A. 安全性　　　　　　　B. 舒适性　　　　　　　C. 智能化　　　　　　　D. 轻量化

3.（多选）智能儿童安全座椅具有（　　）等安全性功能。

A. 座椅通风　　　　　　B. 座椅加热　　　　　　C. 遗忘提醒　　　　　　D. 离座提醒

4.（多选）智能座椅结构主要由（　　）等组成。

A. 座椅骨架　　　　　　　　　　　　B. 座椅填充物

C. 座椅表皮　　　　　　　　　　　　D. 座椅智能系统

5.（多选）智能座椅提升安全性的技术有（　　）。

A. 座椅快速回复技术　　　　　　　　B. 座椅随动技术

C. 坐垫气囊　　　　　　　　　　　　D. 头套式安全气囊

6.（多选）智能座椅多向调节功能包括（　　）。

A. 座椅调节　　　　B. 椅背调节　　　　C. 头枕调节　　　　D. 肩部调节

7.（多选）智能座舱起安全保护功能的部件有（　　）。

A. 安全气囊　　　　B. 安全带　　　　C. 转向盘　　　　D. 智能座椅

三、简答题

1. 智能座椅是什么？

2. 简述智能座椅系统常见的功能。

3. 简述智能座椅系统的发展趋势与关键技术。

任务5.3　抬头显示系统的认知与安装

【任务描述】

驾驶人行车过程中查看仪表板或者中控屏上的信息时，视线会从道路转移到屏幕，这个动作存在一定的安全隐患。为了避免这种情况发生，不少汽车厂商加装抬头显示系统来降低由于驾驶人低头造成的事故发生率。抬头显示系统是什么，它包括哪些种类，又可以实现何种功能呢？下面我们通过学习理论知识和动手安装实践，来认识抬头显示系统。

【知识准备】

一、抬头显示系统认知

抬头显示系统（Head-Up Display，HUD）又称平视显示系统，是智能座舱辅助驾驶系统的一部分。该系统通过投影装置将车辆行驶过程中有用的信息（如时速、导航、自适应巡航和变道辅助等）以数字、图像或视频的方式投影到驾驶人前方风窗玻璃上，让驾驶人在车辆行驶过程中视线保持在道路上，尽量不低头、不转头就能观察到仪表或中控屏的关键信息，保证驾驶过程中的安全性，如图5-24所示。

抬头显示系统最开始是应用在战斗机上的。由于战斗机的速度极快且仪表复杂，为方便飞行员查看飞行的重要参数，如目标提示、瞄准目标、航速、高度及装备状态等信息，抬头显示系统应运而生。随后，抬头显示系统在民用飞机上得以应用。

抬头显示系统首次应用到汽车上是在20世纪80年代。1988年，通用汽车在限量版的奥兹莫比Cutlass Supreme Convertible Indy 500 Pace Car上率先搭载了抬头显示系统，它主要用于显示车速，如图5-25所示。

图 5-24　抬头显示系统

图 5-25　1988 年通用汽车抬头显示系统的应用

目前，随着汽车智能化与网联化的迅速发展，各汽车品牌都推出了搭载抬头显示系统的车型，这项技术有效地降低了行驶过程中的事故发生率。有研究表明，如果驾驶人视线离开道路的时间超过 2s，发生事故的概率就会增加 1 倍。

二、抬头显示系统的类型

根据图像成像显示的位置，抬头显示系统主要分为组合型抬头显示系统（Combiner Head Up Display，C-HUD）、风窗型抬头显示系统（Windshield Head Up Display，W-HUD）和增强现实型抬头显示系统（Augmented Reality Head Up Display，AR-HUD）。

C-HUD 将独立镜面光学设计布置在仪表板上方，可以作为独立系统进行光学设计，一般会根据成像条件对镜面进行特殊处理，设计成本及难度较低。通常显示屏为驾驶人前方一块 6～8in（1in＝2.54cm）的透明树脂玻璃，投影成像的距离小于 2m，如图 5-26 所示。

C-HUD 的成像信息多为数字信息，主要包括车速、导航、油耗、温度等，显示形式较为集中且单一。C-HUD 结构简单、成本低，具有较高的灵活性和通用性。然而 C-HUD 成像屏幕布置在驾驶人前方的仪表板上方，当车辆发生碰撞时可能会对驾驶人造成二次伤害；投影距离近，驾驶人在行车过程中，视线远近切换容易导致人眼的晶状体疲劳，影响驾驶状态。目前，虽然还有在售中低端车型搭载了 C-HUD，但由于其结构和功能不够完善，基本上已处于淘汰的边缘。

W-HUD 是利用光的反射原理，将行驶过程中的重要信息投射在风窗玻璃上，显示效果更为一体化，是目前最常见的抬头显示系统。相比 C-HUD，W-HUD 的显示尺寸范围更大，通常为 9～12in（1in＝2.54cm），投影距离增加至 2～6m，如图 5-27 所示。

图 5-26　C-HUD

图 5-27　W-HUD

W-HUD 的成像信息主要包括车速、导航、油耗、温度、中控娱乐信息、来电信息、路况信息、天气信息、告警信息等。W-HUD 显示区域更灵活，具有更高的对比度和亮度以及更丰富的显示内容。然而 W-HUD 风窗玻璃一般为曲面玻璃，为得到更好的成像效果，需要根据风窗玻璃的尺寸和曲率搭配高精度非球面反射镜，因此 W-HUD 的成本较高。目前，W-HUD 广泛应用于中高端车型，并向中低端车型普及。

AR-HUD 是 AR 技术和抬头显示技术的结合体，它通过对车身传感器数据的实时处理，以可视化手段将计算机生成的虚拟信息叠加在三维道路环境中。目前，AR-HUD 虚像距离能做到 7.5m 以上，实际应用时可与 20m 外的路面形成叠加，足以使驾驶人避免视线转移，并能在观察驾驶环境时同步获悉车速、油耗、导航等 AR-HUD 给予的提示信息，如图 5-28 所示。

图 5-28 AR-HUD

AR-HUD 的成像信息还包括将 ADAS 功能通过 AR 呈现行车中的道路偏移、前车预警及障碍物识别等提示。AR-HUD 显示质量好、显示尺寸大、可视范围广、显示内容与路况结合、更加形象生动，但 AR-HUD 研发周期长、制造难度大、成本比较高。

抬头显示系统的产品一般分为两种模式：一种是原车高配或选装出厂自带的配置，属于前装，如宝马、奥迪、奔驰、红旗、吉利等旗下部分车型均配有抬头显示系统；一种是后期自己加装的抬头显示系统，属于后装，这种方式是通过连接车辆自诊断系统（OBD）接口来读取数据，将读取到的数据显示到屏幕上，其抬头显示系统类型均为 C-HUD，未来发展空间较小。

三、抬头显示系统的工作原理

抬头显示系统是电控单元将从汽车数据总线获取的车速、导航等信息传输至投影设备，形成影像后经过反射镜反射到投影镜上，再由投影镜投射到前风窗玻璃，最终驾驶人看见的是车辆前方数米的虚像，如图 5-29 所示。

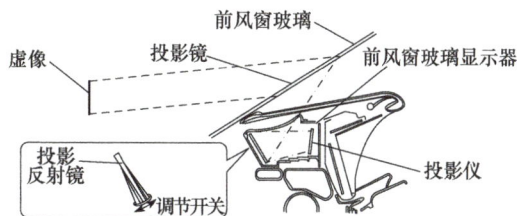

图 5-29 抬头显示系统的工作原理图

抬头显示系统的工作流程如图 5-30 所示，主要包括：信息获取，即通过传感器获取云端信息、路况和车况信息；数据处理，即通过车载计算单元处理车况信息和进行人机交互界面展示；图像投影，包括 3 个步骤，即通过投影仪投影、通过反射镜反射投影信息和通过投影镜改变投影角度；

图像显示，即通过风窗玻璃显示相关信息；图像接收，即通过人眼接收相关信息。

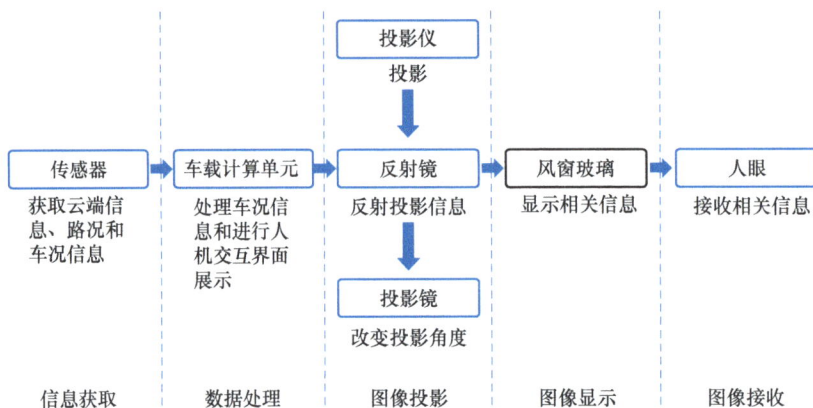

图 5-30　抬头显示系统的工作流程

四、抬头显示系统的构成

抬头显示系统主要由车载计算单元、图像投影设备、图像显示设备3部分组成。

车载计算单元（图 5-31）处理不同来源的车辆数据后，将投影信息输出给驾驶人，包含投影内容（导航、车速等）、投影界面内容显示分布情况和整个投影界面的位置。

图像投影设备（图 5-32）由投影仪、反射镜、投影镜、调节电动机及电控单元组成。图像投影设备是根据车载计算单元输出的信息，生成投影图像。由于风窗玻璃一般是弯曲的，如果直接将图像投射在风窗玻璃上，会造成图像的变形，因此将投影镜和反射镜设计成弯曲的，以纠正图像的变形。

图 5-31　车载计算单元

图 5-32　图像投影设备

图像显示设备通常是车辆前风窗玻璃，其作用是将数据和图像展示给驾驶人，如图 5-33 所示。

如果把 HUD 投影图像源投射到普通风窗玻璃上，由于普通风窗玻璃夹层内部的 PVB 膜呈矩形，会形成图像重影，投影效果差，如图 5-34a 所示。如果把 HUD 投影图像源投射到 HUD 风窗玻璃上，由于 HUD 风窗玻璃夹层内部的 PVB 膜呈楔形，即玻璃呈上厚下薄的状态，这样就不会形成图像重影，提高了成像清晰度，如图 5-34b 所示。

五、抬头显示技术的发展趋势

随着智能驾驶和 AR 技术的不断成熟，抬头显示技术受到了国内外企业和用户的重视，未来抬

图 5-33　图像显示设备

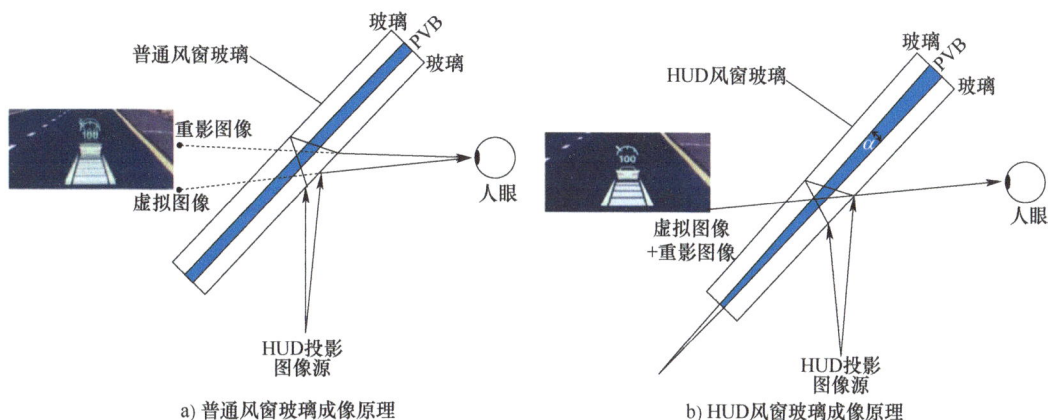

a) 普通风窗玻璃成像原理　　　b) HUD风窗玻璃成像原理

图 5-34　普通风窗玻璃与 HUD 封窗玻璃成像原理对比

头显示技术的更多功能将得以开发：在驾驶安全方面，用户可以通过 AR-HUD 结合 ADAS、汽车传感器获取安全提醒，如跟车距离提醒、压线预警提醒、红绿灯监测、提前变道预警、行人预警、车道偏离预警、障碍物预警、驾驶人状态检测等；在亮度调节方面，AR-HUD 采用光线自适应技术，可以自动检测环境亮度并自动调节 HUD 照明亮度以适应不同的光照环境；在生活服务方面，AR-HUD 通过车辆当前位置、地图等为驾驶人提供附近景区、商场、餐厅、加油站等信息，实现车辆与周边环境的互联。

未来，AR-HUD 还会融合大数据、车路协同、驾驶人监测等技术，共同完成车辆行驶过程，保证行车过程的安全性、智能性和交互便捷性。

【任务实施】

仪器设备及工具准备

1）设备：L3 智能网联教学车、抬头显示系统图像投影设备及信号线。

2）工具：直流电源、万用表、拆装工具套装、固定螺栓、无纺布、安全帽、绝缘垫、工作手套。

操作注意事项

1）确认抬头显示系统图像投影设备外观结构完整、功能正常，螺栓口无滑丝和变形。

2）抬头显示系统信号线束外观应完整无损坏，接线口针脚应正常。

3）安装抬头显示系统图像投影设备前应断开蓄电池负极。

抬头显示系统的认知与安装

任务实施内容

根据教师指导和所学知识，安装抬头显示系统，并记录。

学　　院		专　　业		班　　级	
姓　　名		学　　号		日　　期	
指导教师					
作业前准备记录					

步骤	操作方法及过程记录	操作示意图
认识抬头 显示系统	了解抬头显示系统采用的设备，识别设备供电线和信号线的插口	
	认识抬头显示系统图像投影设备，检查其外观是否正常，信号线束外观是否完整无损坏 是否完成：□是　□否	
	检查抬头显示系统显示功能是否正常 是否完成：□是　□否	
教学车辆检查	起动教学车辆，仪表点亮，档位处于"P"位，驻车指示灯点亮，车辆处于制动状态 是否完成：□是　□否	
	关闭教学车辆，点火开关处于关闭状态，仪表处于熄屏状态 是否完成：□是　□否	

（续）

步骤	操作方法及过程记录	操作示意图
教学车辆检查	用工具断开辅助蓄电池负极 是否完成：□是　□否	
抬头显示系统 设备安装	使用翘板拆卸仪表板后的内饰板 是否完成：□是　□否	
	将抬头显示系统图像投影设备安装在相应的位置并固定 是否完成：□是　□否	
	安装仪表板后的内饰板 是否完成：□是　□否	
抬头显示系统 功能验证	起动车辆，使用中控屏 AR-HUD 设置调节抬头显示系统显示亮度、显示位置与显示模式，直至抬头显示系统投影图像调整清晰并处于驾驶人平视范围内，关闭车辆 是否完成：□是　□否	
	起动车辆，观察抬头显示系统显示数据是否变化：□是　□否	

（续）

步骤	操作方法及过程记录	操作示意图
检查安装情况，6S 管理	抬头显示系统安装位置是否正确：□是　□否	
	抬头显示系统安装是否紧固：□是　□否	
	抬头显示系统设备线束连接是否无误：□是　□否	
	抬头显示系统是否能正常运行：□是　□否	
	使用工具是否整理归位：□是　□否	

【评价反馈】

序号	作业内容	配分	作业项目	扣分	得分	备注
1	认识抬头显示系统设备	30	□熟知抬头显示系统图像投影设备的结构和功能 □理解抬头显示系统的工作原理 □识别抬头显示系统信号线束			如有未完成的项目，根据情况酌情扣分
2	教学车辆检查、抬头显示系统设备安装、抬头显示系统功能验证	50	□确认抬头显示系统图像投影设备的安装位置 □正确安装抬头显示系统图像投影设备 □正确连接抬头显示系统图像投影设备线束插头 □抬头显示系统显示正常 □抬头显示系统功能正常			
3	检查安装情况	10	□抬头显示系统图像投影设备安装合理 □抬头显示系统图像投影设备线束连接正确、牢固			
4	6S 管理	10	□6S 管理：整理、整顿、清扫、清洁、素养、安全			
合计						

【课后测评】

一、填空题

1. C-HUD 的显示屏通常为驾驶人前方的一块 6~8in（1in＝2.54cm）的（　　　　）。

2. 抬头显示系统中最终驾驶人看见的是车辆前方数米的（　　　　）。

3. （　　　　）的功能是处理不同来源的车辆数据后，将投影信息输出给驾驶人。

4. 普通风窗玻璃夹层内部的 PVB 膜呈（　　　　），会造成图像重影，投影效果差。

5. HUD 风窗玻璃夹层内部的 PVB 膜呈（　　　　），不会造成图像重影。

二、选择题

1. （单选）（　　　）具有结构简单、成本低的优点，并具有较高的灵活性和通用性。

A. C-HUD　　　　B. W-HUD　　　　C. AR-HUD　　　　D. A-HUD

2.（单选）（　　）是目前最常见的抬头显示系统。

A. C-HUD　　　　B. W-HUD　　　　C. AR-HUD　　　　D. A-HUD

3.（单选）抬头显示系统风窗玻璃上成的像是光的（　　）形成的。

A. 散射　　　　　B. 衍射　　　　　C. 折射　　　　　D. 反射

4.（单选）为了避免用户使用抬头显示系统时由于视线远近切换导致人眼的晶状体疲劳，下列做法可行的是（　　）。

A. 将显示器的字体变大

B. 将显示器安装在后风窗玻璃上

C. 让显示器的信息通过多面平面镜多次成像

D. 将显示器沿水平方向远离风窗玻璃

5.（单选）抬头显示系统首次应用到汽车上主要用于显示（　　）。

A. 导航　　　　　B. 车速　　　　　C. 自适应巡航　　　D. 变道辅助

6.（单选）不同类型的抬头显示系统投影显示尺寸由大到小依次是（　　）。

A. W-HUD>C-HUD>AR-HUD　　　　B. AR-HUD>C-HUD>W-HUD

C. AR-HUD>W-HUD>C-HUD　　　　D. C-HUD>AR-HUD>W-HUD

7.（多选）根据图像成像显示的位置，抬头显示系统的类型主要分为（　　）。

A. C-HUD　　　　B. W-HUD　　　　C. AR-HUD　　　　D. A-HUD

8.（多选）图像投影设备由（　　）等组成。

A. 投影仪　　　　B. 反射镜　　　　C. 投影镜　　　　D. 调节电动机

9.（多选）车载计算单元处理车辆数据后输出给驾驶人的投影信息包括（　　）。

A. 投影内容　　　　　　　　　　B. 投影内容显示分布情况

C. 投影界面的位置　　　　　　　D. 投影界面的大小

10.（多选）抬头显示系统的主要作用是在车辆行驶过程中，保证行车过程的（　　）。

A. 安全性　　　　B. 舒适性　　　　C. 交互便捷性　　　D. 智能性

三、简答题

1. 智能座舱抬头显示系统是什么？

2. 请简述抬头显示系统的类型及基本特征。

项目 6

自动驾驶功能的实现

【学习目标】 ·····································▶

素质目标：

1）具有敬业精神，培养精益求精的工匠精神。
2）培养创新意识和创新思维。
3）培养爱国主义精神，弘扬社会主义核心价值观。

知识目标：

1）熟悉自主循迹控制系统的结构、自主避障流程。
2）熟悉高精地图定义、作用及高精地图与传统地图的区别。
3）掌握Ubuntu基本操作指令。
4）熟悉Apollo人机接口界面。

能力目标：

1）具有操作、运行自动驾驶车辆的能力。
2）具有操作Apollo平台进行高精地图录制及验证的能力。
3）具备一定的Ubuntu系统操作技能。

任务6.1　循迹功能的实现

【任务描述】 ·····································▶

　　汽车行驶的道路环境复杂多变，如何利用环境感知的信息实现自动驾驶汽车的循迹控制呢？下面我们通过学习理论知识和动手实践操作，来学习如何实现循迹功能。

【知识准备】 ·····································▶

一、自主循迹控制系统的结构

　　自动驾驶汽车自主循迹控制系统的主要任务包括任务规划、行为决策及汽车底层操作。在实际应用中，汽车的自主循迹控制分为横向控制和纵向控制。

　　横向控制是指自动驾驶汽车根据规划模块生成转向盘指令，通过转向盘的开环及闭环对车辆进行控制。上位机电控单元通过汽车横向循迹误差和角度循迹误差信息计算出期望的转向盘转角，然后通过转向执行机构实现对转向系统的实时控制，进而实现对期望道路轨迹的跟踪。自动驾驶汽车自主循迹横向控制系统的结构如图6-1所示。

　　纵向控制是指自动驾驶汽车对汽车速度的控制，主要通过控制汽车的档位、制动系统等使汽

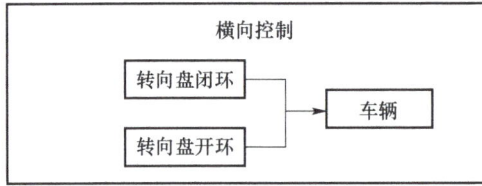

图 6-1　自动驾驶汽车自主循迹横向控制系统的结构

车按期望的车速行驶，实现与前后车的车距保持及紧急避障等功能。自动驾驶汽车自主循迹纵向控制系统的结构如图 6-2 所示。自动驾驶汽车纵向控制主要分为以下 3 个阶段。

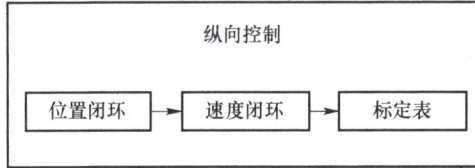

图 6-2　自动驾驶汽车自主循迹纵向控制系统的结构

1）位置闭环：通过规划模块的目标车辆位置和定位模块给出的实际车辆位置的差值，经过纵向位置控制器生成对应的速度偏差。

2）速度闭环：结合位置闭环的结果，规划模块的目标速度以及 CAN 总线返回的实际车速，通过纵向速度控制器生成对应的加速度偏差。

3）标定表：根据速度、加速度和制动踏板对应关系表，通过输入速度、加速度，可以查出对应的制动踏板位置。

二、Apollo 开放平台认知

Apollo 平台是一个基于大规模云端计算容量，拥有大量场景数据的开发平台。Apollo 平台技术架构由四层组成，分别为车辆平台、硬件平台、软件开放平台和云服务平台，如图 6-3 所示。

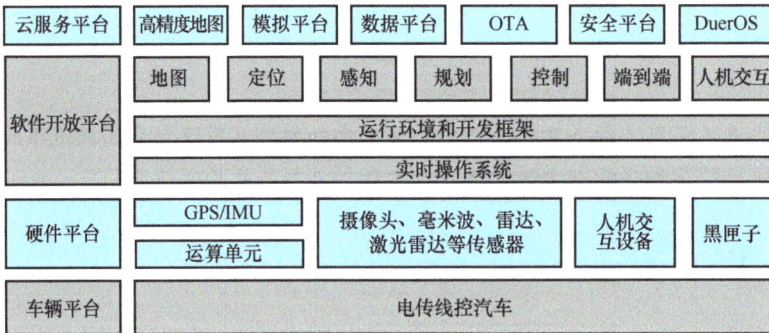

图 6-3　Apollo 平台技术架构

1. Apollo 车辆平台

Apollo 车辆平台是指一辆受电子信号控制、经由百度认证的完整乘用车，其中林肯 MKZ、广汽 GE3、长城 WEY VV6 和 Polaris GEM 等车型是能够和 Apollo 平台兼容的开放车型。

2. Apollo 硬件平台

Apollo 硬件平台包括计算单元、GPS/IMU、摄像头、激光雷达、毫米波雷达、人机交互设备、T-Box 等。Apollo 硬件平台架构及数据路程图如图 6-4 所示，其中车辆运动信息由速度传感器、惯性导航等进行检测，包括车速、转角、航向等车体自身信息；外部环境感知信息主要由传感器平台提供，同时 V2X 设备会提供超视距功能，如前方交通状况、路边环境等；T-Box 向上连接互联网，向下连接 CAN 总线，黑匣子负责记录控制指令和车辆行驶状态；车辆控制主要基于线控系统，包括线控转向、线控制动等。

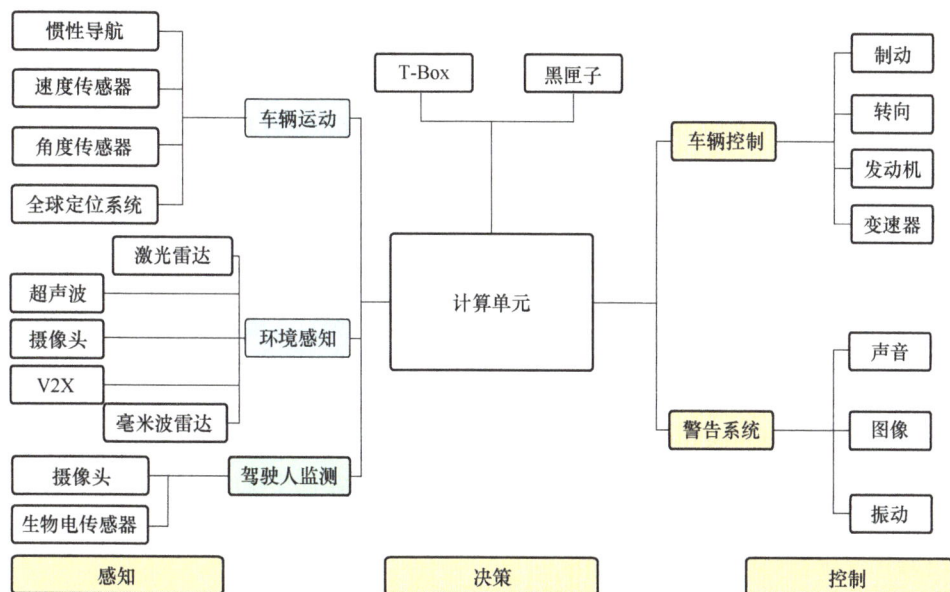

图 6-4　Apollo 硬件平台架构及数据路程图

3. Apollo 软件开放平台

Apollo 软件开放平台分为 3 个部分，即实时操作系统、运行开发框架和应用程序模块层（Apollo 后将运行开发框架升级为 Apollo Cyber RT）。

实时操作系统可以确保自动驾驶汽车在给定时间内完成特定任务。"实时"是指自动驾驶汽车的操作系统能够及时进行计算、分析并执行相应的操作，是在车辆传感器收集到外界数据后短时间内完成的。实时性能是确保系统稳定性和驾驶安全性的重要指标。

运行开发框架体现在 Apollo 的操作环境，其采用的是机器人操作系统（ROS）的定制版。为了使 ROS 更好地适应自动驾驶汽车，Apollo 改进了共享内存的功能与性能、去中心化和数据兼容性。

Apollo 软件平台具有各种应用程序模块，这些模块包括 MAP 引擎、定位、感知、控制、端到端驾驶以及人机接口等。

4. Apollo 云服务平台

Apollo 云服务平台主要包括定位模块、仿真模块、数据开发平台模块和安全方案模块。定位模块是基于 GNSS 等实现的高精地图定位；仿真模块储存了大量路况及场景数据，在大规模云端计算容量下，能够完成百万公里级的虚拟运行；Apollo 云服务平台利用数据开发平台模块的开源代码及开放数据形成了"车端+云端"的开放生态；安全方案模块提供了完善的安全框架和系统组件，能阻止网络入侵，保护用户隐私及车辆信息安全。

三、Apollo 仿真平台认知

Apollo 仿真平台是一个具有场景上传调试、仿真测试、智能场景判别和三维展示等功能的平台。通过 Apollo 仿真平台，使用者可以接入自动驾驶场景，完成测试、验证、优化等一系列操作。Apollo 仿真平台有以下特点。

1. 内置高精地图的仿真场景

Apollo 仿真平台内置高精地图的仿真场景，有基于路况进行分类的十字路口、直行道、弯道等，基于障碍物的类型和状态进行分类的行人、机动车、非机动车等，基于道路规划进行分类的直行、调头、变道、转弯、并道等，以及基于信号灯进行分类的红灯、黄灯、绿灯。

2. 场景运行与算法上传

Apollo 仿真平台支持多场景同时高速运行；支持单算法模块的上传运行，并提供基于 Apollo 基本整车环境的单个模块的仿真结果；支持系统整套算法和运行环境的上传与运行。

3. 智能场景判别系统

Apollo 仿真平台目前开放了 10 个判别标准：碰撞检测、闯红灯检测、限速检测、在路检测、到达目的地检测、紧急制动检测、加速检测、导航检测、路口变道检测、礼让行人检测等。

4. 三维展示

Apollo 仿真平台提供了实时路况信息，包括当前车道、红绿灯、限速等；算法模块输出可视化信息，包括路径规划、动态障碍物、自动驾驶汽车规划轨迹等；线控系统输出了自动驾驶汽车状态的全局信息，包括速度、制动、节气门状态等。

构建自动驾驶仿真平台需要累积海量的场景。如何高效利用海量场景，提高仿真平台的运行效率是搭建平台要解决的关键问题。Apollo 仿真平台通过两个不同层次的实现方式进行了大幅度优化，一是以分布式仿真作为方向，二是通过动态变速仿真来进行具体仿真。Apollo 仿真平台大规模分布式架构如图 6-5 所示。

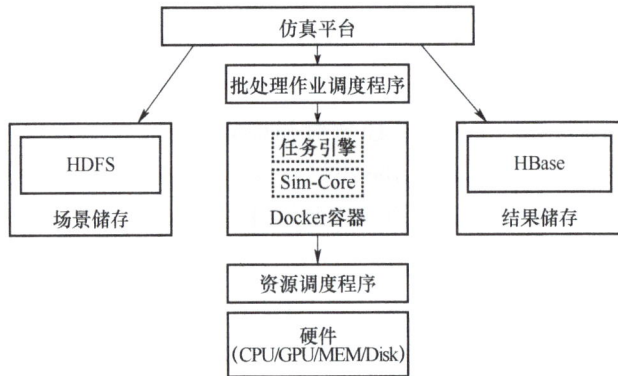

图 6-5　Apollo 仿真平台大规模分布式架构

四、Apollo Dreamview 认知

Dreamview 为 Apollo 的 HMI 模块，它提供了一个 Web 应用程序，用于可视化自动驾驶软件功能模块的输出，如车辆的规划循迹、车辆定位、底盘状态等。通过 Dreamview 可查看硬件状态、开启/关闭模块、起动自动驾驶车辆等。

Dreamview 的功能包括自动驾驶车辆模块输出信息的可视化和提供人机交互接口。可视化功能可以显示实时路况，如当前车道、信号灯、路径规划等；显示输出模块，如路径、障碍物等；显示自动驾驶车辆状态，如速度、航向、制动等。Apollo 平台仿真可视化界面如图 6-6 所示。

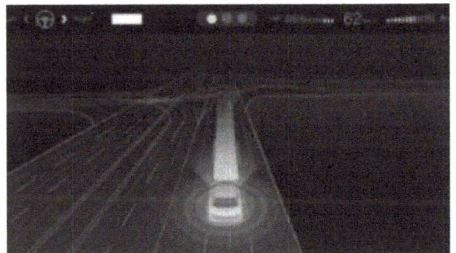

图 6-6　仿真可视化界面

为方便对车辆状态及模块进行操作，Dreamview 的界面分为 4 个部分，即标题、侧边栏、主视图和工具视图。

1. 标题

Dreamview 的标题栏位于界面上半部分，其界面如图 6-7 所示，标题栏模块见表 6-1。

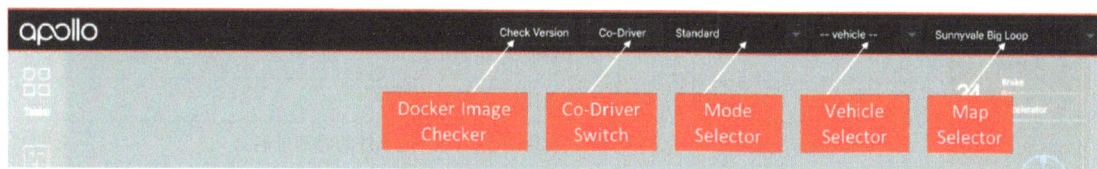

图 6-7　Apollo Dreamview 标题界面

表 6-1　Apollo Dreamview 标题栏模块

标题栏模块	含义
Docker Image Checker	Docker 版本
Co-Driver Switch	合作者：若车辆出现脱离事件，Dreamview 会弹出辅助记录框
Mode Selector	选择模式
Vehicle Selector	选择车型
Map Selector	选择地图

2. 侧边栏和工具视图

Apollo Dreamview 的侧边栏界面如图 6-8 所示，侧边栏模块及含义见表 6-2。

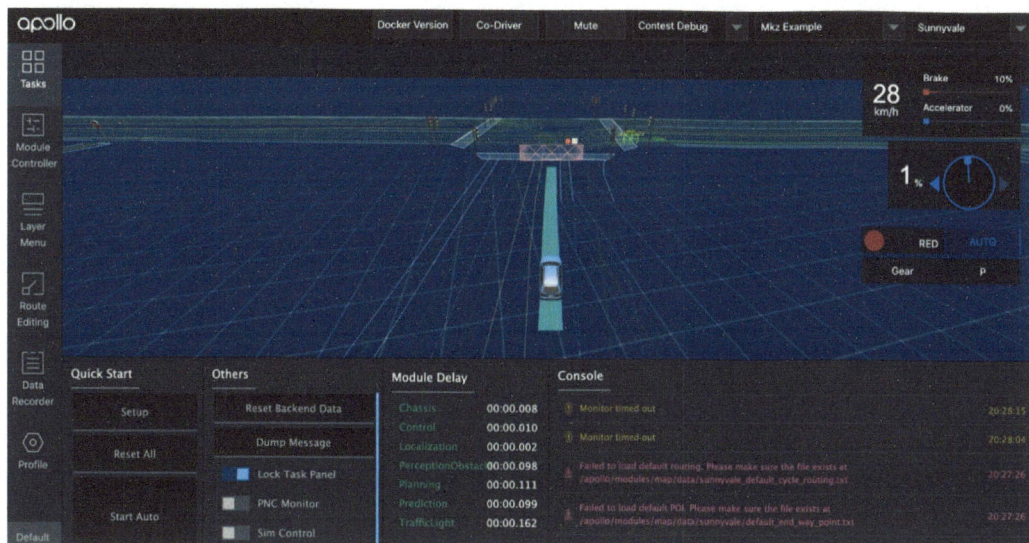

图 6-8　Apollo Dreamview 侧边栏界面

表 6-2　Apollo Dreamview 侧边栏模块及含义

侧边栏	工具视图	子模块	含义
Tasks	Quick Start	Setup	开启所有模块
		Reset All	关闭所有模块
		Start Auto	开始车辆的自动驾驶。在实车中，Start Auto 就是让车辆进入自动驾驶模式的按钮
	Others		经常使用的菜单选项
	Module Delay		从模块中输出的两次事件的时间延迟
	Console		从 Apollo 平台输出的监视器信息
Module Controller			监视硬件状态和对模块进行开关操作
Layer Menu			控制各个元素是否显示的开关
Route Editing			在向 Routing 模块发送寻路信息请求前，可以编辑路径信息的可视化工具

3. 主视图

主视图在 Web 页面中以动画的方式展示 3D 计算机图形，如图 6-9 所示。

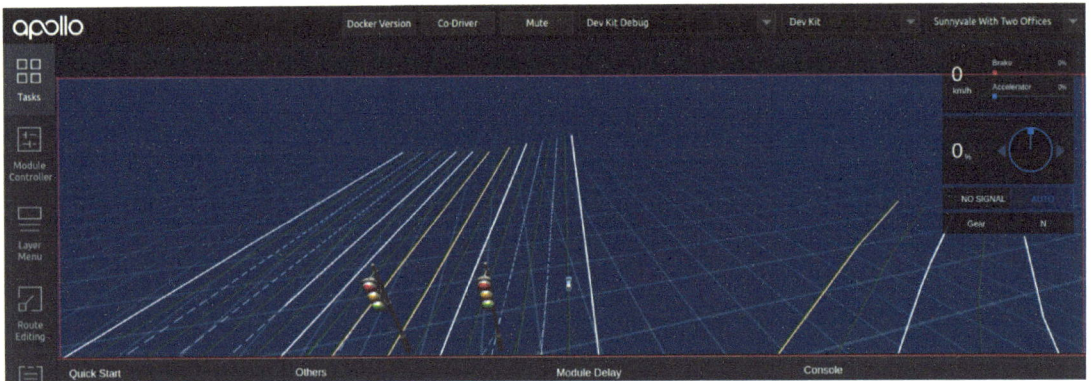

图 6-9　Apollo Dreamview 主视图界面

【知识拓展】

华为智能辅助驾驶 ADS 2.0

由国家发展和改革委员会等 11 部门联合印发的《智能汽车创新发展战略》提出：

"到 2025 年，中国标准智能汽车的技术创新、产业生态、基础设施、法规标准、产品监管和网络安全体系基本形成。实现有条件自动驾驶的智能汽车达到规模化生产，实现高度自动驾驶的智能汽车在特定环境下市场化应用。智能交通系统和智慧城市相关设施建设取得积极进展，车用无线通信网络（LTE-V2X 等）实现区域覆盖，新一代车用无线通信网络（5G-V2X）在部分城市、高速公路逐步开展应用，高精度时空基准服务网络实现全覆盖。

展望 2035 到 2050 年，中国标准智能汽车体系全面建成、更加完善。安全、高效、绿色、文明的智能汽车强国愿景逐步实现，智能汽车充分满足人民日益增长的美好生活需要。"

早在 2013 年，华为就针对汽车推出了车载通信模块 ME909T。2021 年 4 月 17 日，北汽发布极狐阿尔法 S 华为 HI 版，宣告华为的自动驾驶系统 ADS1.0 问世，该自动驾驶系统配备了 3 个 96 线激光雷达，6 个毫米波雷达和 13 个摄像头，可以满足自动驾驶功能的实现，如在事故发生前提供预警或短时间介入等。

2023 年 4 月 16 日，华为在智能汽车解决方案发布会上发布了其最新的 ADS2.0 产品。与传统自动驾驶技术不同，华为 ADS2.0 不依赖高精地图，而是采用了多传感器融合的技术，通过摄像头、毫米波雷达和超声波雷达等传感器获取道路和周围环境的信息，实现智能驾驶。这一特点使得华为 ADS2.0 的适用范围更广，可以应对更多复杂的驾驶场景，提升驾驶安全性和便利性。该系统在传感器数量上做减法，在自动驾驶功能上做加法，增加了低速紧急制动、异形物紧急制动和紧急车道保持等功能。华为 ADS2.0 的问世标志着自动驾驶技术进入了一个新的阶段。通过摒弃对高精地图的依赖，华为 ADS2.0 为自动驾驶技术提供了新的思路和方法。相较于依赖高精地图的自动驾驶技术，华为 ADS2.0 的无图版方案更加灵活，能够适应各种复杂的道路环境。这也意味着未来的自动驾驶技术将更加自主和独立，不再依赖于特定的地图数据，为用户提供更好的驾驶体验。

课后调研：请通过阅读书籍或者互联网搜索，调研一种中国自动驾驶先进技术或应用的相关资料，并与同学分享。

【任务实施】

仪器设备及工具准备
1）设备：自动驾驶汽车开发平台。
2）工具：安装有 Ubuntu 系统的计算机。

操作注意事项
1）循迹功能演示场地需空旷、无遮挡。
2）指令输入应准确完整。

循迹功能
的实现

任务实施内容
根据教师指导和所学知识，实现循迹功能，并记录。

学　院		专　业		班　级	
姓　名		学　号		日　期	
指导教师					
作业前准备记录					

步骤	操作方法及过程记录			操作示意图	
场地规划	掌握循迹路线录制方法；掌握自动驾驶平台操作方法；选择合适的场地进行循迹功能的演示				
	循迹功能演示场地的设置过程：_____				
	循迹功能实现的操作流程：_____				
	循迹功能实现的注意事项：_____				

（续）

步骤	操作方法及过程记录	操作示意图
自动驾驶平台参数设置	打开 Ubuntu 系统终端，输入指令，启动自动驾驶终端 是否完成：□是　□否	
	进入人机交互界面（Apollo Dreamview 界面），设置功能模块 模式设置：_____ 车辆：_____	
	在 Module Controller 标签页中打开 Canbus、GPS、Localization 模块 是否完成：□是　□否	
	进入 Cyber_Monitor 界面查看打开的模块工作情况是否正常 □正常 □故障，简要分析故障原因并排查：_____	
循迹路线录制与回放	设置循迹路线环境，进入 Apollo Dreamview 界面设置模块，操作自动驾驶平台进行循迹路线的录制 是否完成：□是　□否	
	检查循迹路线是否完整 □是　□否	
	循迹功能演示是否完成：□是　□否	

【评价反馈】 ▸ • ▸

序号	作业内容	配分	作业项目	扣分	得分	备注
1	场地规划	30	□了解自动驾驶循迹功能实现的原理 □掌握自动驾驶循迹功能实现的基本流程 □选择合适的场地进行循迹功能的演示			如有未完成的项目，根据情况酌情扣分
2	自动驾驶平台参数设置	40	□正确打开 Ubuntu 系统终端，输入指令，启动自动驾驶终端 □进入人机交互界面（Apollo Dreamview 界面），正确设置功能模块 □正确打开 Canbus、GPS、Localization 模块 □进入 Cyber_Monitor 界面查看模块工作情况			
3	循迹路线录制与回放	30	□操作自动驾驶平台进行循迹路线的录制 □检查循迹路线的完整性 □完成循迹功能演示			
合计						

【课后测评】 ▸ • ▸

一、填空题

1. 自动驾驶汽车的自主循迹控制分为横向控制和（　　　　）两种控制。

2. Dreamview 可用于可视化自动驾驶软件功能模块的输出，如（　　　　）、车辆定位、底盘状态等。

二、选择题

1. （单选）车辆的横向控制主要指的是车辆的（　　）。

A. 转向　　　　　　B. 加速　　　　　　C. 制动　　　　　　D. 换档

2. （单选）Apollo 平台架构不包括以下哪一个平台（　　）。

A. 云服务平台　　　B. 底盘平台　　　　C. 硬件平台　　　　D. 软件开放平台

3. （多选）Apollo 云服务平台主要包括哪些模块？（　　　）

A. 定位模块　　　　　　　　　　　　B. 仿真模块

C. 数据开发平台模块　　　　　　　　D. 安全方案模块

4. （多选）Apollo 仿真平台具有智能的场景判别功能，包括以下哪些判别标准？（　　　）

A. 碰撞检测　　　　B. 闯红灯检测　　　C. 限速检测　　　　D. 紧急制动检测

三、简答题

1. 自动驾驶汽车的自主循迹控制系统的结构可分为哪几类？各自有什么特点？

2. 请简述 Apollo 平台技术组成架构。

3. 请绘制出 Apollo 硬件平台感知模块与规划模块、控制模块的连接关系图。

任务6.2 高精地图的录制

【任务描述】 ▶ ···▶

与人类驾驶人的驾驶过程一样，自动驾驶也需要经过感知、定位、决策、控制 4 个步骤。人类驾驶人通过看到、听到的环境信息与记忆中的信息对比，判断出自己的位置和方向，而自动驾驶汽车则需要将传感器搜集的信息与存储的高精地图对比，判断位置和方向。下面我们通过学习理论知识和动手实践操作，来学习如何进行高精地图的录制。

【知识准备】 ▶ ···▶

一、高精地图认知

高精地图也称为高分辨率地图（High Definition Map，HD Map）或高度自动驾驶地图（Highly Automated Driving Map，HAD Map）。高精地图与普通导航地图不同，主要面向自动驾驶汽车，它通过一套特有的定位导航系统，协助自动驾驶系统解决性能限制问题，拓展传感器检测范围。

高精地图是高鲜度、高精度和高丰富度的结合。无论是动态化，还是精度和丰富度，其最终目的都是为了保证自动驾驶的安全与高效率。动态化保证了自动驾驶汽车能够及时地应对突发状况，选择最优的路径行驶。高精度确保了机器自动行驶的可行性，保证了自动驾驶的顺利实现。高丰富度与机器的逻辑规则相结合，进一步提升了自动驾驶的安全性。

高精地图作为自动驾驶领域的稀缺资源以及必要的数据基础，在整个领域扮演着核心角色。高品质的高精地图可以帮助汽车预先感知路面复杂信息，如坡度、曲率、航向等，结合智能路径规划，让汽车做出正确决策。

高精地图的分层架构主要有静态数据和动态数据，其中静态数据包括地面标志、车道线、路面标志、交通设施等图层信息；动态数据包括交通事故、实时路况等。高精地图的分层架构主要有 4 层，即道路层、车道层、动态数据层和自动驾驶辅助层，如图 6-10 所示。高精地图架构的最底层为道路层，包含了导航路网等信息，自动驾驶汽车从出发点到目的地的道路规划可在道路层完成；车道层包含了定位特征、路径及护栏、交通设施等信息，使自动驾驶汽车在驾驶过程中能实时获知自己位于哪个车道；动态数据层负责传输实时路况及交通事件，使自动驾驶汽车轨迹符合汽车动力学模型；自动驾驶辅助层负责将传感器感知的障碍物信息叠加、整合到地图中，构建出完整的三维场景。

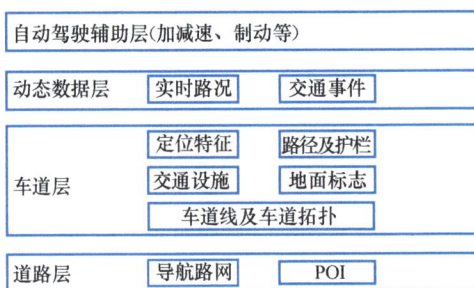

图 6-10 高精地图的分层架构

二、高精地图与传统地图的区别

高精地图将大量的行车辅助信息存储为结构化数据，这些数据可以分为两类：第一类是道路数据，如车道线的位置、类型、宽度、坡度和曲率等车道信息；第二类是车道周边的固定对象信息，如交通标志、交通信号灯等信息，车道限高、下水道口、障碍物及其他道路细节，还包括高架物体、防护栏、道路边缘类型、路边地标等基础设施信息。

高精地图与一般电子导航地图相比，其不同之处见表 6-3。

表 6-3　高精地图与传统地图对比

差别	高精地图	传统地图
使用对象	自动驾驶汽车	驾驶人
用途	高精定位、辅助环境感知、规划与决策	导航、搜索、可视化
精度	厘米级	米级
数据维度	道路形状、坡度、曲率、铺设、方向、路口连接相关数据、道路附属设施相关数据	道路形状、坡度、曲率、铺设、方向
功能	提供自变量和目标函数	辅助驾驶导航
数据的实时性	高	较高
数据类型	半永久/永久静态数据、半动态/动态数据	永久静态数据、半永久静态数据

三、高精地图采集流程

高精地图采集过程中，采集车通过提取车辆传感器收集的原始数据，能获取高精地图特征值，构成特征地图。高精地图采集流程包括数据采集、数据处理、元素识别、人工验证、地图发布，如图 6-11 所示。

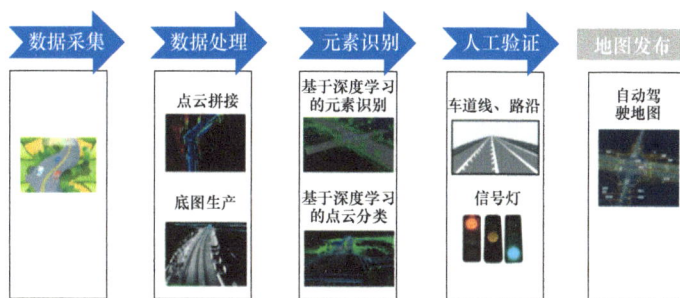

图 6-11　高精地图采集流程

1. 数据采集

数据采集包括图像信息采集、三维点云信息采集及定位信息采集，如图 6-12 所示。在进行高精地图数据采集时，通常会用装载了激光雷达、摄像头、GPS 等设备的采集车，如百度地图采集车就配备了 GPS、IMU、激光雷达及摄像头来进行数据采集。

2. 数据处理

高精地图生产中，各类数据需要进行整理、分类及清理。数据处理包括点云处理、多传感器融合处理等。点云处理是通过特征提取和点云融合将收集的道路信息等由三维模型转变为点云识别。多传感器融合处理是通过激光雷达、摄像头等传感器，在车辆移动过程中获取传感器检测的环境特征，进一步识别行驶过程中不同时刻环境特征中类似的部分，将检测到的环境信息进行拼接，对行驶过的环境进行完整描述。

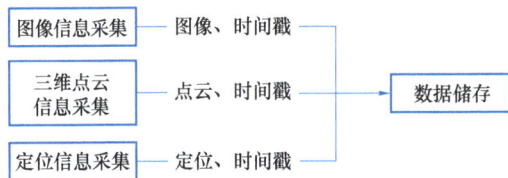

图 6-12　高精地图数据采集流程

3. 元素识别

元素识别包括图像处理和点云识别。为了给自动驾驶汽车提供道路的拓扑信息和交通约束信息，需要对道路元素进行识别并做语义标注等，以便于后期高精地图的制作。图像处理的流程如图 6-13 所示。

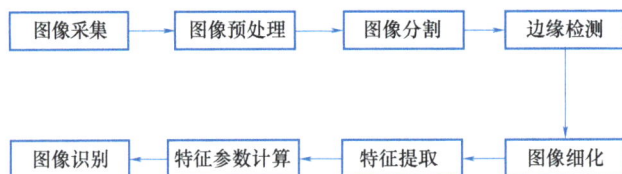

图 6-13　元素识别中图像处理的流程

点云识别是在获取点云数据、重建三维道路环境后，利用三维环境进行道路特征的提取识别。如为了将灯杆、标志牌、路沿等交通道路元素从大量杂乱无序的激光点云中识别出来，需要对激光点云进行分割，然后提取。

4. 人工验证

人工验证即人工通过俯视图、图像和点云图等进行验证，整合成高精地图数据。

5. 地图发布

高精地图经过格式转换、模型转换、坐标转换之后就可以进行发布，在发布之后，会一直根据回传的传感器数据进行地图的更新服务。

四、高精地图在自动驾驶中的应用

传统的导航地图和高精地图的服务对象不同，传统地图主要给驾驶人使用，而高精地图主要提供给自动驾驶汽车使用。在自动驾驶汽车行驶过程中，高精地图需要在地图精确计算匹配、实时路径规划导航、辅助环境感知、驾驶决策辅助、智能控制辅助等方面提供帮助。

1. 地图精确计算匹配

自动驾驶汽车需要车辆位置的精准定位，高精地图的精确计算匹配可以将车辆位置精准地定位在车道上，提高车辆定位的精度。与传统地图的匹配依赖于 GNSS 定位的精度、信号强弱不同，高精地图在地图匹配上更多地依靠其先验信息，并且拥有更多维度的数据，如道路形状、坡度、曲率、航向、横坡角等。通过这些多维的数据可以获得更高尺度的定位与匹配。

2. 实时路径规划导航

自动驾驶汽车在行驶过程中，因为路况的变化，最优路径也可能随时发生变化。此时高精地图在云计算的辅助下，能提取路网信息、道路属性信息、道路几何信息以及标识物等抽象信息，为自动驾驶汽车提供最新的路况，帮助自动驾驶汽车重新制订最优路径。

3. 辅助环境感知

自动驾驶汽车主要通过传感器进行环境感知，但是一些传感器易受恶劣天气的影响，使其感知精确度下降。高精地图可对传感器无法探测的部分进行补充，进行实时状况的监测及外部信息的反馈。

4. 驾驶决策辅助

高精地图对车道并线、障碍物避让、车辆调速、行车转向的决策起到重要的辅助作用。这些辅助主要来源于高精地图储存数据的支持，包括道路数据（车道线位置、坡度、曲率等）以及车道周边的固定对象信息（信号标志、车道限高、障碍物等）。

5. 智能控制辅助

高精地图作为所有行车信息的载体，具有对所处环境进行精准预判、提前选择合适的行驶策略等功能，使传感器和控制系统更多关注突发情况，起到智能控制辅助的作用，同时在提升车辆安全性基础上，有效降低车载传感器和控制系统的成本。

【任务实施】

仪器设备及工具准备

1）设备：自动驾驶汽车开发平台。

2）工具：安装有 Ubuntu 系统的计算机。

操作注意事项

1）高精地图录制场地需空旷、无遮挡。

2）指令输入应准确完整。

高精地图
的录制

任务实施内容

根据教师指导和所学知识，实现高精地图录制功能，并记录。

学　院		专　业		班　级	
姓　名		学　号		日　期	
指导教师					
作业前准备记录					

步骤	操作方法及过程记录	操作示意图
场地规划	设置高精度地图录制场地，掌握高精地图录制的基本流程与操作技巧 高精地图录制场地的设置过程：＿＿＿＿＿＿ 高精地图录制的操作流程：＿＿＿＿＿＿ 高精地图录制的注意事项：＿＿＿＿＿＿	
启动自动驾驶平台及功能模块	打开 Ubuntu 系统终端，输入指令，启动自动驾驶终端 是否完成：□是　□否	

（续）

步骤	操作方法及过程记录	操作示意图
启动自动驾驶平台及功能模块	进入人机交互界面（Apollo Dreamview 界面），设置功能模块 模式设置：_____ 车辆：_____	
	在 Module Controller 标签页中打开 Canbus、GPS、Localization 模块 是否完成：□是　□否	
	进入 Cyber_Monitor 界面查看打开的模块工作情况是否正常 □正常 □故障，简要分析故障原因并排查：_____	
高精地图数据采集	高精地图数据采集后，录制数据包的存储路径：_____ 数据包名称：_____	
高精地图数据处理与验证	进行地图数据的处理，并记录相关数据 是否完成：□是　□否	
	GPS 坐标数据文件：_____ 地图数据文件夹路径：_____ 地图文件夹：_____	

（续）

步骤	操作方法及过程记录	操作示意图
高精地图数据处理与验证	高精地图录制 是否完成：□是　□否	

【评价反馈】

序号	作业内容	配分	作业项目	扣分	得分	备注
1	场地规划	30	□了解高精地图的功能 □掌握高精地图录制的基本流程与操作技巧 □选择合适的场地进行高精地图录制功能的演示			如有未完成的项目，根据情况酌情扣分
2	高精地图数据采集	50	□正确打开 Ubuntu 系统终端，输入指令，启动自动驾驶终端 □进入人机交互界面（Apollo Dreamview）界面，设置功能模块 □正确打开 Canbus、GPS、Localization 模块 □正确进入 Cyber_Monitor 界面查看模块工作情况 □确定高精地图采集数据包名称、存储路径			
3	高精地图数据处理与验证	20	□操作自动驾驶平台进行高精地图的录制 □正确处理、验证高精地图数据			
合计						

【课后测评】

一、填空题

1. 高精地图与普通导航地图不同，主要面向（　　　　）汽车，通过一套特有的定位导航系统，协助自动驾驶系统解决性能限制问题，拓展传感器检测范围。

2. 高精地图的分层架构主要分为静态数据和动态数据，其中（　　　　）包括地面标志、车道线、路面标志、交通设施等图层信息。

3. 高精地图的用途包括（　　　　）、（　　　　）和（　　　　）。

4. 高精地图的精度可达到（　　　　）级别。

5. 高精地图的采集需要使用到摄像头、GNSS、（　　　　）、IMU 等设备。

二、选择题

1.（单选）高精地图的精度能够达到（　　　），数据维度不仅增加了车道属性相关数据，还有高架物体、防护栏、路边地标等大量目标数据，能够明确区分车道线类型、路边地标等细节。

A. 厘米级　　　　　B. 米级　　　　　C. 分米级　　　　　D. 毫米级

2.（单选）高精地图能帮助各种传感器更好地完成对环境的感知，为自动驾驶汽车提供更完备丰富的周边环境信息和更精确的定位，可视为自动驾驶汽车先验知识积累形成的（　　　），对于实现自动驾驶具有重要的作用，是自动驾驶技术落地的关键驱动力。

A. 短期记忆　　　　B. 长期记忆　　　　C. 实时计算　　　　D. 离线计算

3.（单选）高精地图的使用者是（　　　）。

A. 驾驶人　　　　　B. 车用传感器　　　C. 车道　　　　　　D. 智能驾驶控制系统

4.（单选）以下功能必须使用到高精地图的是（　　　）。

A. 车道辅助保持　　B. 自动紧急制动　　C. 车道偏离预警　　D. 完全无人驾驶

5.（单选）高精地图辅助车辆定位不包括以下哪种定位？（　　　）

A. 视觉定位　　　　B. 点云定位　　　　C. 环境定位　　　　D. 多传感器融合定位

6.（多选）高精地图与传统地图的差别包括（　　　）。

A. 适用对象不同　　B. 精度不同　　　　C. 数据维度不同　　D. 用途不同

7.（多选）高精地图的作用有（　　　）。

A. 辅助环境感知　　B. 辅助定位　　　　C. 辅助控制　　　　D. 路径规划

8.（多选）以下属于高精地图道路信息层的有（　　　）。

A. 道路形状　　　　B. 车道宽度　　　　C. 防护栏　　　　　D. 车道线

三、简答题

1. 自动驾驶汽车使用的高精地图和传统电子地图各自有什么特点？分别体现在哪些方面？

2. 在进行高精地图录制信号检查时，请列举需查看 Cyber_Monitor 项目参数的名称及其含义。

3. 在智能辅助驾驶、长途货运、低速配送、自动驾驶出租车等场景中，对高精地图的需求有什么不同？

任务 6.3　避障功能的实现

【任务描述】

据不完全统计，每年全球因人为交通事故死亡人数高达 120 万，交通事故发生的一大诱因是驾驶人精力不集中。自主避障功能可以提升驾驶人在紧急情况下的处理能力，避免危险情况发生，降低事故发生率，保障行车安全。下面我们通过学习理论知识和动手实践操作，来学习如何实现自动驾驶避障功能。

【知识准备】

一、自主避障流程

自主避障是指在汽车行驶过程中通过传感器感知到妨碍其通行的静态和动态物体时，决策模块依据传回的数据采用相应避障算法选择避障路线，将计算结果传输至控制器来控制车辆的减速及转向，实现安全平稳的行驶。自动驾驶汽车预测感知控制模块的避障策略如图 6-14 所示。

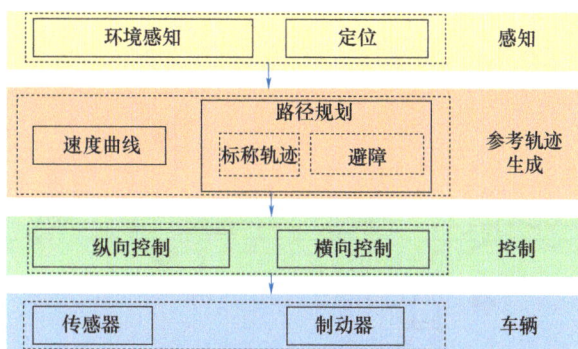

图 6-14　避障策略

1. 障碍物的检测

自主避障首先要完成障碍物的检测和跟踪，获取障碍物的运动信息。障碍物根据运动状态可分为静态障碍物和动态障碍物。其中，静态障碍物可以从高精地图里读取，也可以通过传感器实时感知。动态障碍物与静态障碍物有所不同，只靠传感器在单个周期获得的数据无法知道其运动信息，必须对一个序列的数据进行分析。在自动驾驶汽车行驶过程中，障碍物的检测主要有以下几种方法。

1）地图差分法。它是指根据在高精地图上的障碍物在不同时刻与本车的相对位置关系来求解障碍物的运动信息，即在全局坐标系中，静态障碍物的位置不会随时间变化，而动态障碍物会随时间变化，发生变化的部分即认为是运动障碍物。

2）实体聚类法。它是指将同一个障碍物的点云数据聚成一类，采用长方体或多边形体来描述车辆、自行车、行人等。通常激光雷达就采用实体聚类法进行障碍物检测，如图 6-15 所示。

3）目标跟踪法。它是指在自动驾驶汽车行驶过程中，除获取单帧的障碍物位置、大小的信息外，还需要对障碍物的运动轨迹进行跟踪。这种方法不仅能够弥补单纯视觉检测带来的漏检，还可以描绘出目标的运动轨迹。

图 6-15　障碍物检测

4）概率占据图（Probabilistic Occupancy Maps，POM）。这种方法是将机器检测到的地图分成由很多小网格组成的大网格，其算法的目的就是计算不同时间刻度下这些网格连接之间的相关性。

2. 障碍物的轨迹预测

进行障碍物运动轨迹预测的方法主要有三种：静态处理、假设状态保持不变、概率轨迹模型法。

静态处理是进行障碍物运动轨迹预测最简单的方法。它是将所有障碍物都当作静态障碍物来处理，不考虑其运动特性，所以避障效果比较差。

假设状态保持不变的方法认为障碍物会一直保持当前的运动状态，是一种比较常用的轨迹预测方法。但由于实际障碍物的运动状态会发生变化，所以该方法仅适用于一些直道匀速的场景，对于转弯、换道、停车、环岛、路口等场景的效果不理想。

概率轨迹模型法是对假设状态保持不变方法的一种改进，即在轨迹预测中加入了不确定性，对障碍物未来可能的行驶轨迹做了预测，但为保持稳定，会偏向于保持原有状态的预测结果。使用高精地图或结构化道路的先验信息可使这种方法获得更好的预测结果。自动驾驶汽车轨迹预测模块示意图如图 6-16 所示。

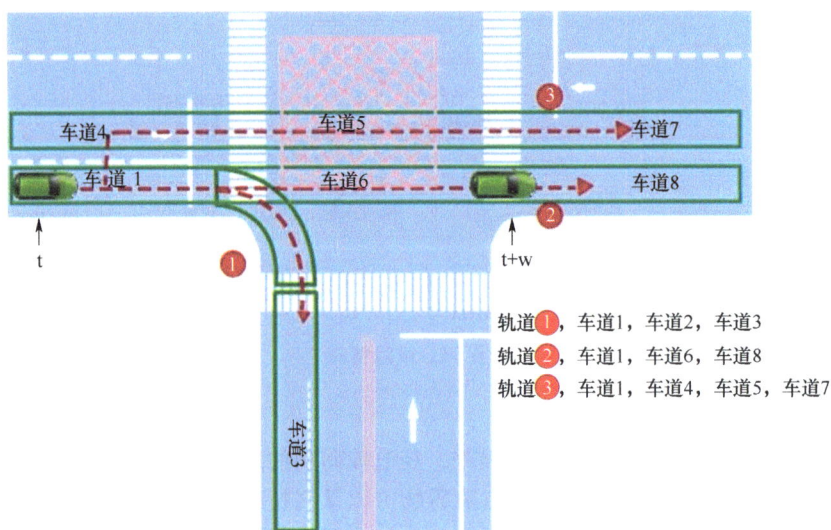

图 6-16　自动驾驶汽车轨迹预测模块示意图

3. 避障路径的生成

自动驾驶汽车避障路径的生成方法主要分为人工势场法、反应式避障法和区域划分法。

1）人工势场法是一种对电场模拟的方法，即构造一个势场函数，函数值与自动驾驶汽车和障碍物之间的距离存在对应关系，距离障碍物越远，势场越小。该方法根据实际场景确定阈值，将势场小于阈值的区域标记为可行驶区域，从而完成避障。该方法能够使自动驾驶汽车在复杂的静态环境中安全行驶，但在动态环境中，障碍物的运行轨迹会对势场造成动态影响，使避让轨迹难以稳定，同时还具有计算复杂度高，难以满足实时性要求等缺点。人工势场法进行路径避让的工作原理如图 6-17 所示。

2）反应式避障法是一种模拟动物感知、行动过程的方法，即当自动驾驶汽车感知到前方路径上有障碍物时，就重新规划一条路径避让障碍物。在静态环境中使用反应式避障法可以有效地实现避障功能，但在动态环境中该避障法存在规划路径不稳定的问题。反应式避障法进行路径避让的工作原理如图 6-18 所示。

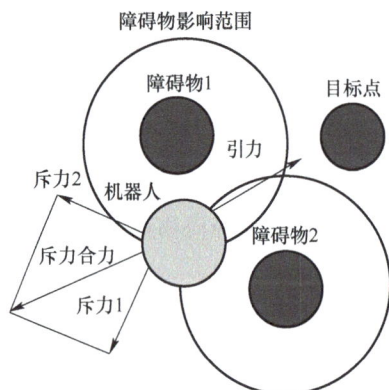

图 6-17　人工势场法进行路径避让的工作原理

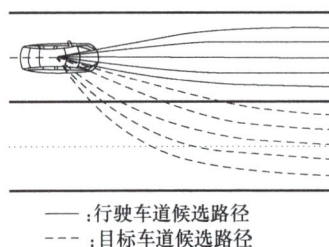

图 6-18　反应式避障法进行路径避让的工作原理

3）区域划分法是一种将自动驾驶汽车附近环境划分为安全区域和可能碰撞区域的方法。区域的大小和自动驾驶汽车本身的运动状态相关，速度越快，可能碰撞区域就越大。这种方法理论上对静态环境和动态环境都适用，缺点主要体现在无法很好地定义运动障碍物所对应的可能碰撞区域。区域划分法进行路径避让的工作原理如图 6-19 所示。

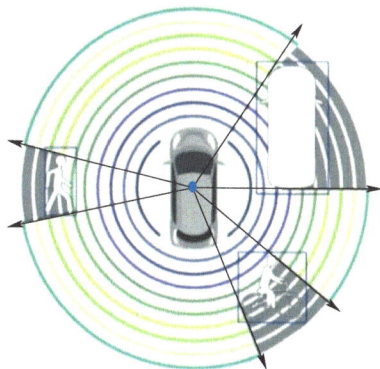

图 6-19　区域划分法进行路径避让的工作原理

二、自主避障方案

汽车在自动驾驶过程中的避障功能借助了多种传感器采集的周围环境信息，自主避障方案主要有激光雷达自主避障方案和摄像头自主避障方案。

1. 激光雷达自主避障方案

激光雷达自主避障方案是利用激光来测量被测物体的距离、位移等参数。当激光雷达检测到前方有障碍物时，会触发自动驾驶汽车决策层，搜索当前并行车道，通过差分 GPS 技术进行避障，从而进行车道切换。当激光雷达探测到障碍物时，会主动寻找有无同向并行车道，若有，则寻找当前车辆定位点与该并行车辆车道距离最近处，计算车辆与该车道航向角从而实现车道的切换。当无其他车道切换时，则需要停车，等待障碍物清理后继续行驶。激光雷达避障流程如图 6-20 所示。

2. 摄像头自主避障方案

摄像头自主避障方案中，摄像头可以检测较广探测范围的障碍物，与其他传感器配合使用，能够获取更为丰富的信息，如通过一定的算法可以得到物体的形状、距离、速度等，同时利用摄像头的序列图像可以计算目标的距离和速度，测算障碍物的相对位移，实现合理避障。在 Apollo3.5 硬件架构上，会使用到 Argus Camera，该产品具有高动态范围成像、OTA 在线固件升级等特性，可以很好地适配 Apollo Sensor Unit 硬件。Argus Camera 摄像头如图 6-21 所示。

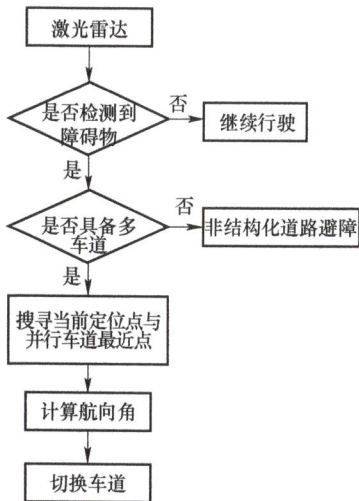

图 6-20　激光雷达避障流程

三、自动驾驶汽车自动避障实现案例

下面以百度 Apollo 自动驾驶汽车为例，说明自动驾驶汽车实现自动避障的方法。

1. 进入 Apollo 操作界面

1）进入工控机操作系统界面，打开终端（Terminal）。终端界面如图 6-22 所示。

图 6-21　Argus Camera

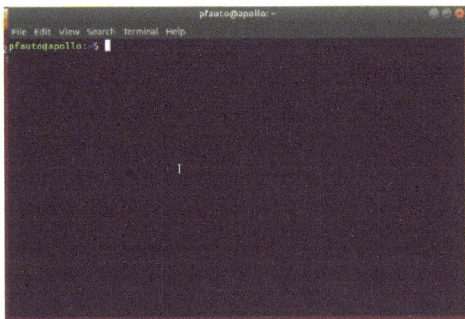

图 6-22　终端界面

2）在终端中输入命令 cd /apollo，进入 Apollo 文件夹。

3）打开 CAN 总线通信接口，输入命令 bash can_start. sh，使工控机具备 CAN 总线通信能力。

4）打开新的终端，在终端中输入命令 cd/apollo，再次进入 Apollo 文件夹。

5）启动"docker"环境，输入命令 bash docker/scripts/dev_start. sh。

6）装载"docker"环境，输入命令 bash docker/scripts/dev_into. sh。

2. 进入人机交互界面 Dreamview

1）启动 Apollo 无人驾驶平台的"Dreamview"界面，输入命令 bash scripts/bootstrap. sh。

指令执行完毕后会在终端中显示一个网址，用鼠标右键单击，选择 Open Link 打开网页链接，进入 Apollo 操作界面，如图 6-23 所示。

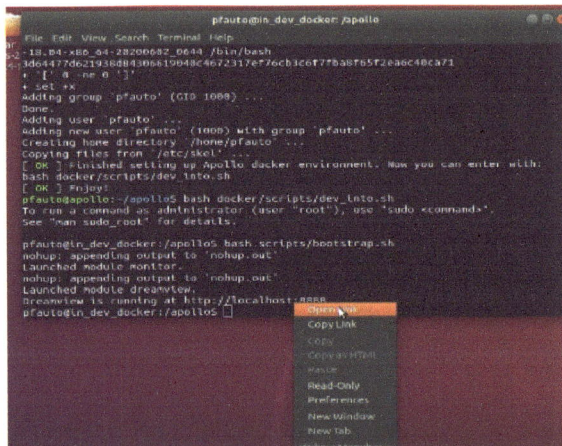

图 6-23　进入 Apollo 操作界面

2）启动对应功能模块并检查其工作状态。

进入 Dreamview 主页，选择模式 Dev_kit Debug，选择车辆 Dev_kit，开启 Canbus、GPS、Localization 模块，如图 6-24 所示。

打开新终端，输入命令 cd/apollo，进入 Apollo 文件夹。

装载"docker"环境，输入命令 bash docker/scripts/dev_into. sh。

进入 Channel 界面，输入命令 cyber_monitor。

进入 Channel，查看以下 4 个项目的"Frame Ratio"，需要显示为绿色，并且值应该为 100 左右，如图 6-25 所示。

图 6-24　Dreamview 主页

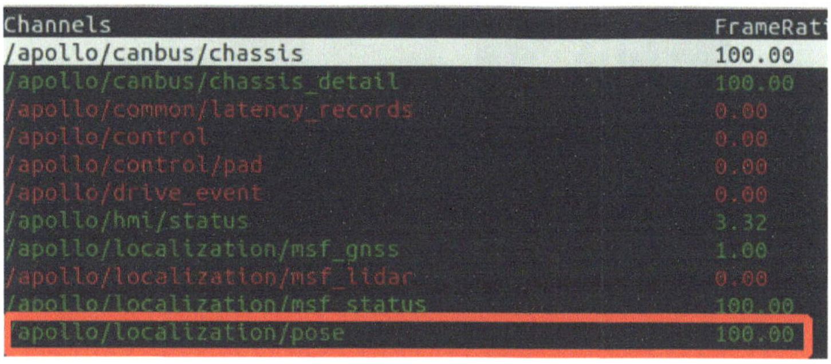

图 6-25　Channel 界面

功能模块启动检查项目及数值见表 6-4。

表 6-4　功能模块启动检查项目及数值

检查项目	Frame Ratio 状态显示	Frame Ratio 正常数值
apollo/canbus/chassis	确保能正常输出数据	100 左右
apollo/canbus/chassis_detail	确保能正常输出数据	100 左右
apollo/sensor/gnss/best_pose	确保能正常输出数据	100 左右
apollo/localization/pose	确保能正常输出数据	100 左右
Sol type	NARROW_INT	

3. 自动驾驶汽车路况采集

1）开启功能模块进行规划预测控制。

打开 Dreamview 界面的 Planning、Prediction、Routing、Control、Transform 模块，加载完成后，打开 Lidar、Lidar prediction 模块，激光雷达扫描到的图像会出现在 Apollo 操作界面中。

2）添加行驶路线起点及终点，完成行驶路线的生成。

单击 Dreamview 界面的"Routing Editor"，单击"Add Point of Interest"按钮，在建立的地图中单击鼠标左键添加起点和终点，选择"Send Routing Request"按钮发送添加的 Routing 点，即可生成行驶路线。

注意：在添加起点、终点来生成路线时，路线的行驶方向应该与录制地图的方向保持一致。如果发现添加了错误的路径点，可以选择"Remove Last Point"或者"Remove all Point"删除路径点。

3）检查轨迹线和 Topic 信息。

打开之前已进入的 Channel 界面的终端，查看/apollo/planning 项目，如果出现轨迹线和 Topic

信息，表示规划模块适配和开环测试通过。

4. 启动自动驾驶功能并设置障碍

1）在 Task 标签页单击"Start Auto"按钮，将遥控器模式设置成自动模式，启动自动驾驶。

2）启动自动驾驶功能后，自动驾驶汽车将沿着规划的路线前进。

3）在其行驶路径上设置障碍物。

4）观察主界面上障碍物的识别情况，以及自动驾驶汽车实际路线变化。自动驾驶汽车自主避障识别画面如图 6-26 所示。

图 6-26　自动驾驶汽车自主避障识别画面

【任务实施】

仪器设备及工具准备

1）设备：自动驾驶汽车开发平台。

2）工具：装配 Ubuntu 系统的计算机。

操作注意事项

1）实现避障功能的场地需空旷、无遮挡。

2）指令输入应准确完整。

任务实施内容

根据教师指导和所学知识，实现自主避障功能，并记录。

避障功能的实现

学　院		专　业		班　级	
姓　名		学　号		日　期	
指导教师					
作业前准备记录					

步骤	操作方法及过程记录	操作示意图
启动自动驾驶平台及定位功能	打开 Ubuntu 系统终端，输入指令，启动自动驾驶终端 是否完成：□是　□否	

（续）

步骤	操作方法及过程记录	操作示意图
启动自动驾驶平台及定位功能	进入人机交互界面（Apollo Dreamview 界面），设置功能模块 模式设置：_____ 车辆：_____	
	在 Module Controller 标签页中打开 Canbus、GPS、Localization 模块 是否完成：□是　□否	
	正确选择并加载地图 是否完成：□是　□否	
开启环境感知功能	在人机交互界面（Apollo Dreamview 界面）中打开激光雷达与摄像头感知相关模块 是否完成：□是　□否	
	观察是否感知不同类型障碍物状态 感知行人是否完成：□是　□否 感知两轮车是否完成：□是　□否 感知汽车是否完成：□是　□否	
避障路线规划	在车道线中进行路径规划，应出现一条红色的路径线与蓝色的规划路线 是否完成：□是　□否 分别在自动驾驶实验平台前方 5m、10m 以及左前方与右前方位置设置障碍物，观察是否完成自动避障，并记录规划路线的变化 是否完成：□是　□否	

【评价反馈】

序号	作业内容	配分	作业项目	扣分	得分	备注
1	启动自动驾驶平台及定位功能	20	□正确打开 Ubuntu 系统终端，输入指令，启动自动驾驶终端 □进入人机交互界面（Apollo Dreamview 界面），设置功能模块 □正确打开 Canbus、GPS、Localization 模块 □正确选择并加载地图			如有未完成的项目，根据情况酌情扣分
2	开启环境感知功能	60	□了解自动驾驶实验平台环境感知功能 □正确开启 Apollo Dreamview 界面中的环境感知视图 □准确探测不同类型障碍物的相关信息			
3	避障路线规划	20	□了解自动驾驶实验平台路线规划功能 □完成避障路线规划			
			合计			

【课后测评】

一、填空题

1. 要实现"自主避障"，首先就要识别出障碍物。可通过激光雷达、3D 深度摄像头、超声波雷达以及气压碰撞传感器等智能硬件零件来感知（　　　）。

2. 自主避障的流程是，在汽车行驶过程中通过传感器感知到妨碍其通行的静态和动态物体时，决策模块依据传回的数据采用相应避障算法选择避障路线，将（　　　）传输至控制器来控制车辆的减速及转向，实现安全平稳的行驶。

3. （　　　）是进行障碍物运动轨迹预测最简单的方法。它是将所有障碍物都当作静态障碍物来处理，不考虑其运动特性，所以避障效果比较差。

二、选择题

1. （单选）人工势场法的优点是（　　）。
A. 计算量小　　　　　　　　B. 实时性好
C. 易于底层控制　　　　　　D. 以上都是

2. （单选）激光雷达能感知外界信息，读取周围（　　）环境数据。
A. 三维点云　　B. 二维点云　　C. 图像　　　　D. 以上都是

3. （多选）实现避障与导航的必要条件是环境感知，在未知或者是部分未知的环境下避障需要通过传感器获取周围环境信息，包括障碍物的（　　）等信息。
A. 尺寸　　　　B. 形状　　　　C. 位置　　　　D. 速度

4. （多选）避障路径的生成方法主要分为（　　）。
A. 人工势场法　　B. 反应式避障法　　C. 区域划分法　　D. 轨迹预测法

任务 6.4　自动驾驶功能的实现

【任务描述】

　　我国港口众多，每年会有很大的货物吞吐量需求。自动驾驶技术在港口码头场景的转化应用，可有效解决传统人工驾驶时行驶线路不精准、转弯视线盲区、疲劳驾驶等问题，同时还可以节约人工成本。下面我们通过学习理论知识和动手实践操作，来学习如何实现自动驾驶功能。

【知识准备】

一、自动驾驶关键技术

　　自动驾驶是一个复杂的系统，包括软件、硬件的结合以及多领域的交叉融合，涉及汽车、交通、通信等领域。自动驾驶涉及的关键技术分为感知定位、决策规划、控制执行三大部分。

1. 感知定位

　　环境的感知与定位是自动驾驶的先决条件，自动驾驶汽车通过摄像头、激光雷达、毫米波雷达、惯性导航等传感器及融合识别系统实现环境的感知与定位。自动驾驶汽车利用各种传感器探测外部环境及车辆信息，包括行驶过程中的障碍物、信号灯、车道线等。宝马自动驾驶系统传感器方案如图 6-27 所示。

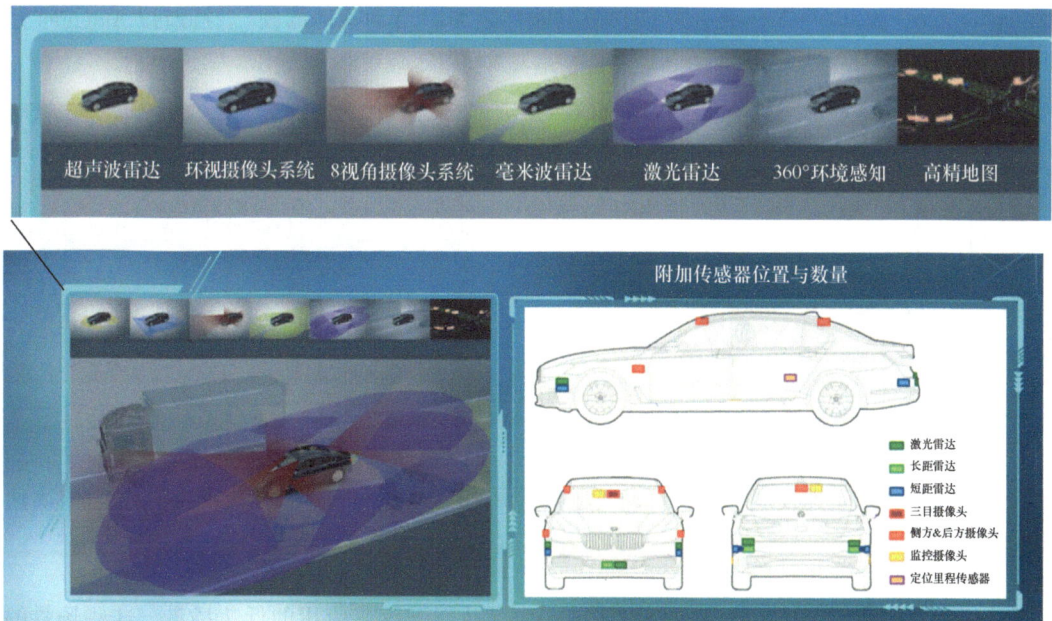

图 6-27　宝马自动驾驶系统传感器方案

2. 决策规划

自动驾驶汽车在接收到环境感知信息后，开始进行决策规划。决策规划模块是基于路网信息、外界交通环境信息和自身行驶状态做出的遵守交通规则的驾驶行为决策过程。决策规划可以分为自动驾驶汽车寻径、行为决策、动作规划三大部分。寻径类似传统意义的车辆导航，给自动驾驶汽车提供路径信息，但与传统车辆导航不同，寻径使用的是高精地图。行为决策利用寻径提供的路径信息，结合感知信息与高精地图，决定车辆的行驶路径及方式。在自动驾驶汽车行驶过程中是否跟车，遇到红绿灯及行人如何避让等均由行为决策模块来决定。动作规划将车辆轨迹置于二维平面进行规划操作，相比三维动作轨迹，可以有效地简化物理模型，减少计算难度。

3. 控制执行

控制执行模块接收决策规划模块的命令，根据规划的行驶轨迹和速度，以及当前位置、姿态，对车辆加速、制动及转向等进行控制。

二、自动驾驶应用领域

目前自动驾驶技术主要分为两条技术路线：一是以百度等互联网公司为代表，搭建了 L4~L5 级的自动驾驶平台，以提供完整技术链为目的；二是以特斯拉等汽车厂为代表，它们是将 L2~L3 级的自动驾驶技术装载于整车上，并推向市场。

百度公司从 2015 年开始研发自动驾驶技术，并于 2017 年推出开源的自动驾驶 Apollo 平台，旨在帮助开发者利用车辆和硬件系统搭建完整的自动驾驶平台。Apollo 平台提供完整的软件及硬件、服务系统，包括车辆平台、硬件平台、软件平台、云端数据服务、环境感知、路径规划、车辆控制等。Apollo 自动驾驶开发套件 D-KIT 如图 6-28 所示。

特斯拉是一家主要生产电动汽车和储能设备的汽车公司。2015 年，特斯拉正式启用驾驶辅助系统 Autopilot，并利用影子模式（Shadow-mode）功能收集海量真实道路数据。2016 年，特斯拉推出 Autopilot 2.0，因其在 SA 分级中为 L2，故只能称之为"自动辅助驾驶"。特斯拉 Autopilot 系统如图 6-29 所示。

图 6-28　Apollo 自动驾驶开发套件 D-KIT

图 6-29　特斯拉 Autopilot 系统

在自动驾驶技术迅速发展时期，自动驾驶的应用场景大致可分为 3 类：低速场景、中高速场景以及特殊场景。

1. 低速场景

城市道路、孵化园园区、物流中心等区域多为自动驾驶汽车应用的低速场景。这些场景的环境一般复杂多变，且运行中行人、车辆的状态难以预测。在这些较为复杂的环境中，自动驾驶常应用在无人配送车、无人环卫、无人零售车等场景，如图 6-30 所示。

常见的低速应用场景实例对比见表 6-5。

a) 无人配送车   b) 无人环卫车

图 6-30   自动驾驶在低速场景的应用

表 6-5   常见的低速应用场景实例对比

场景实例	场景特点	场景效益
低速公开场景	降低人力成本、线路固定	无人配送、提高效率
无人环卫	速度低、舒适度无要求、人机交互简单	技术成熟、产品安全、成本低
封闭园区物流	低速封闭、环境艰苦、不受交规限制	解决招工短缺问题、降本增效、延长工作时间、降低油耗和部件损耗
自主代客泊车	低速封闭场景、法律法规限制小	提升停车场利用率、缩短寻找车位时间、缓解停车场交通拥堵

2. 中高速场景

相比低速场景，中高速场景的环境较为简单，障碍物相对单一，且运行中车辆的状态较为稳定。在中高速环境中，自动驾驶通常应用在自动驾驶出租车、自动驾驶公交车、自动驾驶物流车等场景。常见的中高速应用场景实例对比见表 6-6。

表 6-6   常见的中高速应用场景实例对比

场景实例	场景特点	场景效益
自动驾驶出租车	城市开放道路、路况复杂、安全要求高	降低人力成本、缓解用工短缺、避免人为因素引发事故、减少尾气排放
自动驾驶物流车	结构化道路、交通参与者少、商业需求明确	提高安全性、降低人力成本、提高运输效率
自动驾驶公交车	载人场景、路线固定、开放路段	解决公交车驾驶人招聘困难的问题、降低人力成本

3. 特殊场景

在特殊场景如农业、医疗等环境下，自动驾驶也会被应用。在农业领域，自动驾驶农机可以自动完成农田的耕种等工作，提高农业生产效率。然而在使用前，需要确保其安全性和稳定性。在医疗领域，自动驾驶救护车可以提高抢救效率，但需要与医护人员进行实时通信，根据医护人员指示进行相应的操作。

【任务实施】 •••••••••••••••••••••••••••••••••••••▶

仪器设备及工具准备

1）设备：自动驾驶汽车开发平台。

2）工具：安装有 Ubuntu 系统的计算机。

自动驾驶功能
的实现

操作注意事项

1）实现自动驾驶功能的场地需空旷、无遮挡。

2）指令输入应准确完整。

任务实施内容

根据教师指导和所学知识，实现自动驾驶功能，并记录。

学　院		专　业		班　级	
姓　名		学　号		日　期	
指导教师					

作业前准备记录

步骤	操作方法及过程记录	操作示意图
启动自动驾驶平台	打开 Ubuntu 系统终端，输入指令，启动自动驾驶终端 是否完成：□是　□否	
装载 "docker" 环境	打开 CAN 总线通信接口 是否完成：□是　□否 启动 "docker" 环境 是否完成：□是　□否 装载 "docker" 环境 是否完成：□是　□否	
开启定位功能并加载地图	进入人机交互界面（Apollo Dreamview 界面），设置功能模块 模式设置：＿＿＿＿＿＿＿＿ 车辆：＿＿＿＿＿＿＿＿	
	在 Module Controller 标签页中打开 Canbus、GPS、Localization 模块 是否完成：□是　□否	

（续）

步骤	操作方法及过程记录	操作示意图
开启定位功能并加载地图	正确选择并加载地图 是否完成：□是　□否	
	进入 Cyber_Monitor 界面查看打开的模块工作情况是否正常 □正常 □故障，简要分析故障原因并排查：_____	
开启环境感知功能与路线规划	在人机交互界面（Apollo Dreamview 界面）中打开激光雷达与摄像头感知相关模块 是否完成：□是　□否	
	在车道线中简单设置一段直线进行路径规划，将自动驾驶实验平台放置于路径起点，此时画面中应出现一条红色的路径线与蓝色的规划路线 是否完成：□是　□否	
检查规划模块和开环测试	进入 Channel 界面，查看/apollo/planning 项目，观察轨迹线和 Topic 信息 是否完成：□是　□否	
启动自动驾驶	单击 Task 标签页中的 Start Auto，启动自动驾驶功能，观察并判断自动驾驶运行情况 规划路径：_____ 障碍物识别情况：_____ 实际路线变化：_____	

【评价反馈】

序号	作业内容	配分	作业项目	扣分	得分	备注
1	启动自动驾驶平台	10	☐正确打开 Ubuntu 系统终端，输入指令，启动自动驾驶终端			
2	装载"docker"环境	10	☐正确打开 CAN 总线通信接口 ☐正确启动、装载"docker"环境			
3	开启定位功能并加载地图	30	☐进入人机交互界面（Apollo Dreamview）界面，设置功能模块 ☐正确打开 Canbus、GPS、Localization 模块，正确选择并加载地图 ☐正确进入 Cyber_Monitor 界面查看模块工作情况			如有未完成的项目，根据情况酌情扣分
4	开启环境感知功能与路线规划	20	☐正确开启 Apollo Dreamview 界面中的环境感知视图 ☐掌握路径设置流程，正确设置路径规划			
5	检查规划模块和开环测试	10	☐正确进入 Channel 界面，查看/apollo/planning 项目，观察轨迹线和 Topic 信息			
6	启动自动驾驶	20	☐正确启动自动驾驶功能 ☐准确判断、调整自动驾驶路径			
			合计			

【课后测评】

一、填空题

1. 决策规划可以分为寻径、行为决策、（　　　　　）三大部分。

2. 自动驾驶的应用场景大致可分为 3 类：低速场景、（　　　　　）以及特殊场景。

3. 自动驾驶出租车的场景特点是城市开放道路、路况复杂、（　　　　　）。

4. 决策规划模块是基于路网信息、外界交通环境信息和（　　　　　）做出遵守交通规则的驾驶行为决策过程。

二、选择题

1. （单选）以下哪些场景属于自动驾驶汽车在特殊场景的应用？（　　　）

A. 农业　　　　　　　B. 公交　　　　　　　C. 物流　　　　　　　D. 以上都是

2. （单选）百度等互联网公司搭建了（　　）级技术的自动驾驶平台，以提供完整技术链为目的。

A. L2　　　　　　　　B. L3　　　　　　　　C. L4　　　　　　　　D. L4～L5

3. （单选）2016 年，特斯拉推出 Autopilot 2.0，因其在 SA 分级中为（　　）级别，故只能称之为"自动辅助驾驶"。

A. L1　　　　　　　　B. L2　　　　　　　　C. L3　　　　　　　　D. L1～L5

4.（单选）城市道路、孵化园园区、物流中心等区域多为智能驾驶汽车应用的（　　　）场景。

A. 低速　　　　　　B. 中速　　　　　　C. 中高速　　　　　　D. 高速

5.（多选）自动驾驶技术在港口码头场景的转化应用，可有效解决传统人工驾驶时的（　　　）等问题。

A. 行驶线路不精准　　　　　　　　　　B. 转弯视线盲区

C. 驾驶人疲劳驾驶　　　　　　　　　　D. 人工成本

6.（多选）自动驾驶涉及的关键技术分为（　　　）等部分。

A. 感知定位　　　　B. 规划　　　　　　C. 控制执行　　　　　D. 操作

7.（多选）自动驾驶汽车的部件按功能分可以分为（　　　）。

A. 感知层　　　　　B. 决策层　　　　　C. 控制层　　　　　　D. V2X

三、简答题

1. 智能网联汽车所涉及的关键技术有哪些？

2. 实现自动驾驶功能的模块有哪些？各模块的作用是什么？

参考文献

[1] 吕钊凤, 田野. 分级更清晰中国版自动驾驶分级标准公示 [J]. 智能网联汽车, 2020, (02): 13-15.

[2] 郭王虎. 智能网联汽车技术路线图2.0发布 [J]. 智能网联汽车, 2020, (06): 10-13.

[3] 崔胜民, 卞合善. 智能网联汽车技术 [M]. 北京: 机械工业出版社, 2020.

[4] 王建, 徐国艳, 陈竞凯, 等. 自动驾驶技术概论 [M]. 北京: 清华大学出版社, 2019.

[5] 李晶华, 戈国鹏. 智能网联汽车技术与应用 [M]. 北京: 机械工业出版社, 2021.

[6] 李妙然, 邹德伟. 智能网联汽车技术概论 [M]. 北京: 机械工业出版社, 2019.

[7] 孙慧芝, 张潇月. 智能网联汽车概论 [M]. 北京: 机械工业出版社, 2020.

[8] 陈宁, 徐树杰. 智能汽车传感器技术 [M]. 北京: 机械工业出版社, 2020.

[9] 罗洋坤, 王海川. 智能网联汽车智能传感器安装与调试 [M]. 北京: 机械工业出版社, 2022.

[10] 冯志新, 刘彦博. 智能网联汽车计算平台测试装调 [M]. 北京: 机械工业出版社, 2022.

[11] 王希珂, 詹海庭. 智能网联汽车底盘线控执行系统安装与调试 [M]. 北京: 机械工业出版社, 2022.

[12] 陈宁, 邹德伟. 智能网联汽车环境感知技术 [M]. 北京: 机械工业出版社, 2021.

[13] 杨宗平, 蔡月萍. 智能网联汽车传感器技术 [M]. 北京: 人民交通出版社股份有限公司, 2022.

[14] 李东兵, 杨连福. 智能网联汽车底盘线控系统装调与检修 [M]. 北京: 机械工业出版社, 2021.

[15] 段卫洁, 景忠玉, 等. 智能网联汽车线控技术 [M]. 北京: 人民交通出版社股份有限公司, 2022.

[16] 金加龙. 汽车底盘构造与维修 [M]. 4版. 北京: 电子工业出版社, 2016.

[17] 王旭斌, 王顺利. 新能源汽车底盘构造与检修 [M]. 北京: 高等教育出版社, 2019.

[18] 李克强. 电动汽车工程手册 第六卷: 智能网联 [M]. 北京: 机械工业出版社, 2019.

[19] 罗延宁. 智能网联背景下汽车底盘线控子系统及其集成的综述 [J]. 汽车实用技术, 2021, 46 (4): 14-17.

[20] 张宇飞, 王春波, 段佳冬. 智能网联汽车先进驾驶辅助系统原理及应用 [M]. 北京: 机械工业出版社, 2022.

[21] 杨世春, 曹耀光, 陶吉, 等. 自动驾驶汽车决策与控制 [M]. 北京: 清华大学出版社, 2020.

[22] 杨世春, 肖赟, 夏黎明, 等. 自动驾驶汽车平台技术基础 [M]. 北京: 清华大学出版社, 2020.

[23] J. D. Power. 2023年智能座舱十大前瞻趋势 [J]. 汽车与配件, 2023, (24): 26-27.

[24] 王雨. 智能座舱的主要领域及未来发展趋势 [J]. 汽车维护与修理, 2023, (11): 70-75.

[25] 吴亚东, 张晓蓉, 王赋攀. 人机交互技术及应用 [M]. 北京: 机械工业出版社, 2020.

[26] 练艺, 曾晓辉. 智能语音在汽车中的应用 [J]. 无线互联科技, 2018, 15 (23): 135-138.

[27] 王卉捷, 邹博松, 郭永利. 生成式预训练语言模型在智能网联汽车领域的应用分析 [J]. 智能网联汽车, 2024, (01): 74-76.

[28] 张许如, 任龙, 陈蕊, 等. AI语音交互智能座椅控制器的设计与开发 [J]. 物联网技术, 2023, 13 (02): 122-125+128.

[29] 高惠民. 汽车智能座舱人机交互——平视显示技术 (上) [J]. 汽车维修与保养, 2023, (10): 42-45.